A. FRENCH

HISTOIRE
D'UN SOLDAT
DE 1870

PARIS
E. LACHAUD, ÉDITEUR
4, PLACE DU THÉATRE-FRANÇAIS, 4

1872
Tous droits réservés

HISTOIRE

D'UN SOLDAT

DE 1870

Clichy. Imp. Paul Dupont C¹ᵉ, rue du Bac-d'Asnières, 12.

A. FRENCH

HISTOIRE

D'UN SOLDAT

DE 1870

PARIS
E. LACHAUD, ÉDITEUR
4, PLACE DU THÉATRE-FRANÇAIS, 4

1871

HISTOIRE
D'UN SOLDAT
DE 1870

I

MON VILLAGE.

Je suis né dans un village situé à un quart de lieue des bords de la Charente ; dans un pays où les blés, les vignes, les fourrages, toutes les richesses de la terre enfin poussent comme si le bon Dieu s'était plu à combler le laboureur de ses bénédictions.

Aussi peut-on dire qu'il n'y a pas de gens réellement malheureux dans nos campagnes. Si on y rencontre encore quelquefois des individus en haillons, avec un vieux sac de toile sur l'épaule et un bâton noueux à la main, qui vont demander l'aumône de village en village, on peut être sûr qu'ils n'appartiennent pas au pays ou que, habitués à cette existence qui plaît à leur paresse, ils n'ont jamais voulu faire aucun effort pour en sortir.

Nous étions trois enfants :

Moi d'abord, qui étais l'aîné ; puis venait ma sœur Madeleine, moins âgée que moi de deux ans, et enfin la petite Rose, qui était venue au monde quand j'avais déjà une douzaine d'années, et quelques mois seulement avant la mort de ma pauvre mère.

Quelle jolie enfant c'était que cette petite Rose ! Je la vois encore quand elle n'avait que trois ou quatre ans, avec ses cheveux blonds qui brillaient comme de la soie, ses petites joues rondes et fraîches comme des pommes d'api, se roulant dans les foins que la grande sœur Madeleine ramassait en gros tas avec son râteau pour leur faire passer la nuit dans la prairie, ou bien encore perdue dans les grands blés d'or du *champ sec*, et criant de sa petite voix effrayée : — Frère André, ah ! frère André, viens me chercher, j'ai peur.

C'était la joie, le bonheur de la maison que cette enfant-là. On aurait dit que ma mère, en nous quittant, avait voulu nous laisser comme consolation un cher petit ange dont le visage et la voix enfantine nous parleraient toujours d'elle.

Ma sœur Madeleine avait toujours eu une mauvaise santé. Elle était pâle, maigre et toussait beaucoup, surtout au commencement et à la fin de la mauvaise saison. Malgré cela, c'était elle qui conduisait toute la maison, qui faisait la cuisine, le ménage, qui soignait Rose, qui raccommodait nos habits et notre linge. C'était enfin, malgré sa jeunesse, une véritable mère de famille, et bien souvent j'ai vu mon père, quand il rentrait des champs avec moi et qu'il trouvait la maison propre comme un sou neuf, attirer Madeleine sur sa poitrine et détourner la tête pour ne pas faire voir qu'il pleurait.

Ah! c'est qu'aussi c'était un bon père que Michel Artaud. Un homme qui ne pensait jamais qu'à ses enfants, qui travaillait depuis le premier jour de l'année jusqu'au dernier sans jamais se plaindre pour leur procurer le nécessaire, et qui, malgré l'air dur que lui donnaient ses longues moustaches noires et sa figure brûlée par le soleil, n'avait jamais pour nous que des paroles d'ami, douces comme celles d'une femme.

Dans sa jeunesse, il avait été soldat parce que ses parents étaient pauvres et n'avaient pu lui acheter un remplaçant. Il avait ainsi parcouru sac au dos une partie de la France; puis il avait été faire la guerre en Afrique; et, comme c'était un homme d'un grand bon sens, il avait appris beaucoup de choses dans ces voyages.

C'est au régiment qu'il avait appris à lire et à écrire, car il y a cinquante ans et même moins, on ne s'occupait guère d'instruire les enfants dans nos campagnes. Il avait ensuite étudié l'histoire de notre pays dans un gros livre que j'ai encore devant moi, sur la table, au moment où j'écris ces souvenirs, et c'était une merveille de l'entendre vous expliquer comment notre France, habitée d'abord par des gens de différentes races, était arrivée à ne former qu'une seule nation; et ensuite comment cette nation, dans laquelle plusieurs espèces de gens se partageaient le produit du travail du paysan, sans autre droit que celui de la naissance, avaient été dépouillés de ces droits injustes par notre grande Révolution; de sorte que la nation n'avait plus été composée que d'hommes n'ayant d'autre inégalité que celle qui provient de la richesse, de l'esprit ou de l'instruction, inégalité qu'on ne pourra jamais empêcher.

Quand il nous parlait de ces belles choses, les soirs d'hiver, au coin de la grande cheminée toute remplie des étincelles et des pétillements joyeux des sarments, les yeux de mon père s'allumaient. Nous ne savions, ma sœur Madeleine et moi, où il allait chercher les mots, bien simples pourtant, avec lesquels il peignait ces belles choses, et nous l'écoutions la bouche ouverte, le cœur palpitant, comme si tout ce qu'il nous racontait s'était passé devant nos yeux.

Ah ! quel bon temps que celui-là ! Comme nous étions heureux malgré notre pauvreté, et comme nous travaillions tous gaiement quand le père nous promettait pour le soir une histoire du temps passé !

Tout cela est fini aujourd'hui. Mon pauvre père est mort comme un honnête homme en défendant sa patrie envahie par l'étranger. Il dort bien loin de nous, dans quelque champ inconnu, et nous n'avons même pas la consolation de pouvoir aller pleurer sur sa tombe. Mais ses enfants n'ont pas perdu son souvenir. Ils sont fiers de leur père, qui n'était qu'un pauvre paysan, autant que s'il avait été un roi ou un empereur ; et, s'il leur venait jamais une mauvaise pensée, ils n'auraient qu'à songer à lui pour rougir de honte et rester toute leur vie des honnêtes gens.

A une demi-lieue de notre village, de l'autre côté de la Charente, on aperçoit le toit pointu d'un pigeonnier qui s'élève au-dessus des arbres. C'est là que se trouve le petit hameau des Aulnais, où il n'y a guère qu'une dizaine de maisons.

La plus grande, celle à laquelle appartient le pigeonnier, était habitée par un ancien officier qu'on appelait le capitaine Martin.

C'était un petit homme d'environ soixante ans, avec des cheveux tout blancs coupés en brosse, et une moustache grisonnante qu'il avait l'habitude de relever avec de la cire, ce qui lui donnait une figure terrible.

Il était parti, comme mon père, pour la conscription. Il avait fait beaucoup de campagnes, était parvenu officier et était rentré au village avec la croix, après la guerre de Crimée, où il avait reçu une grave blessure.

C'était un homme brusque, et qui, quand on le voyait pour la première fois, faisait presque peur avec son air sévère et ses moustaches pointues; mais il était si bon qu'on ne pouvait s'empêcher de l'aimer et de le respecter aussitôt qu'on le connaissait.

A plus de trois lieues à la ronde, on savait que, quand il n'était encore que simple soldat, il envoyait ses petites économies à sa vieille mère, qui était servante chez les messieurs Martel, et qu'aussitôt qu'il avait été nommé officier, il lui avait acheté une petite maison aux Aulnais, et lui avait donné, jusqu'à sa mort, 50 francs par mois, ce qui était une fortune pour la pauvre vieille.

Tous les dimanches, le capitaine Martin, qui aimait beaucoup mon père, venait avec son chapeau de feutre gris à larges bords, sa redingote bleue boutonnée jusqu'au menton, et sa grosse canne de jonc à pomme d'argent, passer deux ou trois heures de l'après-midi chez nous.

Il s'asseyait sous la treille qui pousse dans le petit jardin, me tapait sur la joue, embrassait Madeleine, qu'il appelait sa commère ; puis, comme il aimait beaucoup les enfants, il prenait la petite Rose sur ses genoux, adoucissait sa grosse voix pour jouer avec elle, et riait aux larmes quand la petite espiègle tirait ses moustaches.

J'ai toujours été étonné de la facilité avec laquelle les petits enfants et les vieillards deviennent grands amis. Rose, qui au commencement avait une si grande peur du capitaine Martin qu'elle se serait cachée dans un trou de souris aussitôt qu'elle entendait le bruit de sa canne, l'attendait ensuite tous les dimanches avec une impatience qui nous faisait tous rire. Puis, dès qu'elle l'apercevait au loin, marchant gravement sur le pont en fil de fer qui traverse la rivière, elle battait des mains et criait à mon père : « papa Michel, papa Michel, le voilà, le voilà ! » Lorsque le capitaine Martin avait bien joué avec Rose, il tirait de sa poche un paquet de journaux qu'il avait reçus dans le courant de la semaine, et les remettait à mon père, qui nous les lisait le soir à la veillée ; puis Madeleine allait chercher une vieille bouteille dans le cellier, et les deux anciens militaires causaient des événements graves qui s'étaient produits depuis leur dernière rencontre.

J'ai souvent écouté ces conversations que les leçons de mon père, le soir à la veillée, m'aidaient à comprendre, et je ne crois pas que les affaires du pays aient été discutées par deux hommes plus honnêtes et plus patriotes. En sortant de là, je voyais toujours la France noble, grande, généreuse, et je me disais qu'on devrait être bien heureux de verser son sang pour elle.

Je me rappelle une époque qui s'est profondément gravée dans ma mémoire, quoique je n'eusse encore que dix ans. C'était en 1859, ma mère vivait encore et petite Rose n'était pas née.

Un jour du mois de mai, j'étais dans les champs avec mon père, lorsque tout à coup la voix brusque du capitaine Martin nous fit tourner la tête.

Il était rouge comme s'il avait été en colère, et ses petits yeux gris brillaient comme des charbons.

— Michel, Michel, cria-t-il en enjambant les sillons, la guerre est déclarée ; l'armée française a passé les Alpes.

Mon père s'était relevé; il était tout pâle et s'appuyait sur le manche de sa pioche.

— C'est une guerre juste, dit-il enfin; puis tirant lentement son chapeau, il ajouta : Que Dieu protége la France !

— Que Dieu protége la France ! répéta le capitaine en découvrant aussi sa tête blanche.

Pendant trois mois, le capitaine vint presque tous les soirs chez nous. Chaque fois, il apportait des nouvelles; et, quand il annonçait une victoire, comme Magenta, Marignan ou Solférino, il avait beau détourner la tête, je voyais de grosses larmes couler sur ses moustaches.

Plus tard, j'avais alors dix-sept ans, le capitaine Martin vint un soir chez nous. Il était grave, triste et je remarquai qu'il n'embrassa qu'une seule fois Rose.

— Michel, dit-il, quand il fut assis près de mon père, la guerre de la Prusse contre l'Autriche est finie. Les Autrichiens ont été écrasés en Bohême près d'un village qu'on appelle Sadowa. C'est un événement qui peut avoir des conséquences terribles pour nous; aussi cette nouvelle m'a tellement bouleversé que je ne puis tenir en place. Il faut que nous en causions tous deux.

Je savais déjà que l'Autriche, la Prusse et l'Italie

étaient en guerre, car je lisais tous les journaux que le capitaine Martin apportait à mon père ; et, comme j'étais d'un âge à comprendre les choses, j'écoutai attentivement ce qu'on allait dire. D'ailleurs cette conversation était si intéressante pour moi que je me la rappelle comme si c'était d'hier, et que, dans la suite, elle m'expliqua bien des choses que je n'aurais pas comprises sans cela.

Madeleine avait apporté une vieille bouteille et des verres, mais le capitaine refusa de rien prendre ; et Rose, intimidée par son air sévère, se glissa toute honteuse vers la porte du jardin.

— Allons, capitaine, dit mon père, qui voulait essayer de rendre la bonne humeur au vieil officier. Les Autrichiens ont été battus, et je le regrette, car on dit que ce sont de braves gens, tandis que les Prussiens passent pour les hommes les plus orgueilleux et les plus insolents de tous ceux qui nous ont envahis en 1815. Mais que voulez-vous y faire ? D'ailleurs la France n'est pas intéressée dans leur querelle, et au fond ça nous est bien égal que ce soit la Prusse ou l'Autriche qui commande en Allemagne.

— Non, Michel, dit le capitaine. Non, cela ne doit pas nous être égal, et je vais te dire pourquoi : L'Autriche n'est pas une nation comme la France ; c'est une puissance qui se compose de plusieurs peuples, qui parlent des langues différentes, qui ont des idées différentes, des intérêts différents. Une puissance comme celle-là n'est jamais bien redoutable; car ce que veulent les uns, les autres ne le veulent pas, et il en résulte des tiraillements continuels qui enlèvent toute la force à l'ensemble.

La Prusse, au contraire, qui est une nation allemande, s'est mis en tête de réunir sous son commandement tous ceux qui parlent la même langue qu'elle. Elle a travaillé, depuis plus de soixante ans, l'esprit de la jeunesse dans toute la confédération en lui parlant de la *patrie allemande*; les imaginations se sont montées, et quoique les Saxons, les Bavarois, les Wurtembergeois et autres détestent les Prussiens, tous ces gens-là ne formeront plus qu'un peuple contre nous aussitôt que la Prusse les aura absorbés.

— Je comprends, dit mon père. Au lieu d'avoir une quantité de petits ennemis, nous n'en aurons plus qu'un grand, et cela est, en effet, beaucoup plus dangereux. Mais pourtant, si ces gens-là parlent la même langue et ne veulent plus former qu'une seule nation, il me semble que nous aurions tort de vouloir l'empêcher.

— Tort! cria le capitaine. D'abord remarque bien qu'on ne les consulte pas. La Prusse prend ce qu'elle veut par le droit du plus fort, voilà tout. Mais, en admettant même que tous les Allemands soient d'accord, crois-tu que nous n'aurions pas raison de chercher à empêcher leur union, si elle menace notre existence ?... Tiens, laissons cette question de côté ; il y aurait trop de choses à dire sur cette espèce de bulle de savon qu'on appelle le principe des nationalités. L'unification de l'Allemagne est accomplie pour toujours depuis la bataille de Sadowa. Chercher maintenant à rompre ce faisceau serait une folie qui, avec la jalousie que nous inspirons, mettrait toute l'Europe contre nous. Il faut l'accepter, puisque nous avons été assez aveugles pour ne pas le prévoir, et voir si nous sommes en mesure de lutter contre ces Prussiens ambitieux, qui songent déjà à nous prendre notre Alsace et notre Lorraine, sous prétexte qu'on parle allemand dans ces provinces.

— Oh ! dit mon père. La France est forte et ses soldats sont braves. Ils l'ont prouvé en Crimée, où vous étiez, capitaine, et en Italie, il n'y a pas plus de sept ans.

— Oui, nos soldats sont braves, dit le capitaine, mais ils ne sont pas assez nombreux, et que peut le courage contre le nombre ? Sais-tu Michel, combien les Prussiens, qui n'étaient qu'une nation de 19 millions d'habitants, ont mis de soldats sur pied dans la campagne qui vient de finir ? 400,000 hommes ! Et je ne compte pas ceux qui restaient dans les places fortes ou dans les garnisons. Je ne parle que de ceux qui étaient en ligne devant l'ennemi.

Oui, 400,000 hommes, pendant que la France, qui a deux fois plus d'habitants, n'a jamais pu avoir plus de 130,000 hommes à son armée d'Italie, et que son armée d'observation sur le Rhin n'était à cette époque qu'un fantôme !

Mon père ouvrait de grands yeux étonnés en écoutant le capitaine Martin.

— 400,000 hommes ! dit-il, 400,000 hommes, quand les Prussiens sont, comme vous dites, moitié moins nombreux que les Français... Mais tous les hommes sont donc soldats chez ces gens-là ?

— Oui, Michel, tout le monde est soldat; depuis le paysan, comme toi et moi, jusqu'au fils du prince ou du millionnaire. Il n'y a pas de tirage au sort chez eux, et surtout il n'y a pas de remplacement. Ils pensent, quoiqu'ils n'aient pas fait notre belle révolution de 89, que le premier devoir du citoyen d'un grand peuple est de défendre sa patrie. Tous sont fiers de payer cette dette sacrée.

— S'il en est ainsi, dit mon père, ces gens-là sont des gens de cœur, et ils doivent être des ennemis bien redoutables. J'ai toujours pensé, comme eux, que le remplacement, qui donne au riche le droit de rester chez lui quand le pauvre va verser son sang pour défendre des biens qu'il ne possède pas, était une chose honteuse et qui ne pouvait faire que du mal à une nation.

— C'est ce qui fait mépriser l'armée, interrompit le capitaine de sa voix brusque. C'est ce qui tue chez nous le patriotisme, sans lequel une nation n'est plus que le jouet et l'objet du mépris de ses voisins. C'est la plaie honteuse qui nous ronge depuis l'établissement de la conscription.

Et nous avons fait 89 ! et nous nous vantons toujours de notre égalité ! L'égalité devant la patrie menacée n'est-elle pas la première de toutes, et la fortune, qui donne déjà tant d'avantages à ceux qui la possèdent, doit-elle encore racheter leur sang quand les autres le verseront jusqu'à la dernière goutte !

Je n'avais jamais vu le capitaine plus excité que ce jour-là. Il était rouge comme un coquelicot et il frappait la table de son gros poing.

— Oui, on nous méprise, nous autres soldats, continua-t-il, nous qui portons tout le poids des dangers qui menacent la France. On nous tourne en ridicule et on nous reproche le maigre morceau de pain que nous donne la nation la plus riche du monde; on va jusqu'à dire que nous sommes des inutiles, des paresseux, qu'il ne faut plus d'armée. Et ce sont les gens qui ont eu peur de se faire tuer qui disent cela; ceux qui ont acheté un remplaçant.

Tiens, Michel, un jour que j'étais en garnison à Strasbourg, j'eus l'occasion de causer avec un officier prussien. Nous parlions de nos armées, et je lui disais que, malheureusement, nous avions dans nos rangs beaucoup de remplaçants, qui étaient des gens méprisables pour la plupart. Sais-tu ce qu'il me répondit : « Je trouve qu'il y a chez vous quelqu'un de bien plus méprisable que le remplaçant; c'est le remplacé. »

La conversation dura encore longtemps entre mon père et le capitaine Martin; puis la nuit étant venue, le capitaine se leva.

— Adieu, Michel, dit-il, et rappelle-toi ce que je te dis aujourd'hui. Si d'ici un an, la France n'a pas adopté une loi militaire qui veuille que tout le monde soit soldat et serve réellement dans l'armée, nous sommes perdus.

La Prusse va prendre toute l'Allemagne. Elle va introduire partout son système de recrutement. Elle, qui vient de faire entrer 400,000 hommes en campagne, en aura alors un million; elle veut l'Alsace et la Lorraine, la Hollande peut-être, car elle n'a pas de ports pour sa marine ; elle nous écrasera.

Cette guerre qu'elle vient de faire à l'Autriche est un avertissement que Dieu nous envoie. Si nous ne profitons pas de cette leçon, nous mériterons tous les malheurs qui viendront s'abattre sur nous.

En parlant ainsi, le capitaine Martin prit son chapeau, serra la main de mon père et s'en alla lentement vers les Aulnais.

II

LE CAPITAINE MARTIN.

La conversation que je viens de vous raconter m'avait fait beaucoup réfléchir. Je trouvais les idées du capitaine Martin sur le remplacement tout à fait justes, et j'étais étonné que, dans un pays comme la France, on n'y eût pas songé plus tôt.

J'en parlais souvent avec mon père ; aussi nous étions bien contents tous deux quand nous voyions dans les journaux que le gouvernement s'occupait de l'armée, qu'on fabriquait des fusils à aiguille, etc...

Le capitaine Martin, lui, n'était pas aussi content que nous.

— Oui, oui, disait-il en pinçant les lèvres, faites des fusils qui tirent plusieurs coups par minute ; c'est très-bien, et il y a longtemps que les Prussiens vous ont donné l'exemple ; mais il y a quelque chose de plus pressé et vous n'osez pas vous en occuper... Vous ne voulez pas, vous commerçants, manufacturiers, députés, que vos enfants soient soldats. Vous comptez toujours sur le pauvre diable qui vous a défendus jusqu'à ce jour avec un courage que votre égoïsme n'a même pas rebuté. Il se battra encore, vous le savez, car il est brave ; mais quand vous conviendrez enfin que ce n'est pas lui seul qui doit vous protéger, il sera trop tard.

Une fois cependant, c'était vers la fin de l'année 1867, le capitaine parut abandonner ses idées tristes.

Il nous apporta un journal dans lequel était imprimé un projet de loi militaire que le gouvernement allait, d'après ce qu'on disait, présenter aux députés. Dans ce projet, tout le monde était soldat et le remplacement était supprimé.

Le capitaine nous le lut tout entier au coin de la cheminée, et il était si content qu'il resta jusqu'à neuf heures, gardant Rose, qui était déjà grandette, sur ses genoux et ne voulant pas souffrir que Madeleine allât la coucher, bien qu'elle se fût endormie.

Mon père et moi nous allâmes le reconduire jusqu'au pont en fil de fer ; et, comme il faisait un beau clair de lune, nous le suivîmes des yeux jusqu'aux Aulnais.

Mais quelques jours après, il revint chez nous tout abattu. Il me parut vieilli de dix ans.

— Michel, dit-il d'une voix triste, la France est perdue. Les riches ont fait tant d'opposition au gouvernement qu'il a retiré son projet de loi sur l'armée et qu'il en a présenté un autre qui conserve le remplacement. Ils inventent une espèce de garde nationale mobile, qui ne peut être qu'une chose ridicule et dans laquelle tous les riches se cacheront. Le gouvernement a eu peur ; il tombera et il l'aura mérité ; mais ce qu'il y a de plus malheureux, c'est que la France est à la merci de la Prusse. Cette loi nous ramènera l'étranger.

Et il donna alors des explications sur la nouvelle loi, explications que je n'ai pas bien retenues, car à ce moment-là, je pensais à des choses bien agréables pour un garçon de mon âge. J'étais amoureux de notre voisine, la jolie Catherine, la fille du fermier Bourlon.

Il faut bien que je vous parle de Catherine, quoique aujourd'hui j'aie le cœur bien gros quand je pense à elle. Mais à ce moment-là je ne songeais guère à tous les malheurs qui devaient m'arriver en si peu de temps, et j'étais aussi heureux qu'on peut l'être.

Catherine était notre voisine, comme je vous l'ai dit. Son père cultivait des terres qui appartenaient à M. Jeanson, d'Angoulême ; il avait un domestique, une servante, une bonne paire de bœufs et deux vaches, que Catherine conduisait toujours au pacage avec leurs grandes cloches pendues au cou.

Les Bourlons, comme on dit dans le pays, étaient donc riches en comparaison de nous. Tout le monde au village disait que Catherine, qui avait perdu sa mère quand elle était tout enfant, aurait un jour quelques bons sacs d'écus que le père Bourlon entassait, après chaque récolte, dans son armoire de noyer, ainsi qu'une belle prairie entourée de peupliers, qu'il avait achetée au bord de la Charente.

Mais ce n'était pas la richesse de Catherine qui faisait que j'en étais amoureux. C'étaient ses grands yeux noirs pleins de malice, ses belles joues fraîches et roses comme une pêche, sa tournure brave, qui aurait fait envie à bien des dames de la ville. C'était enfin toute sa personne. Je trouvais tout beau en elle et j'aurais voulu quelquefois avoir une grosse fortune, rien que pour le bonheur de pouvoir la lui donner.

Catherine m'aimait bien, elle aussi. Quand elle passait le soir à la brune devant notre porte, en ramenant ses vaches, elle n'oubliait jamais de s'arrêter pour venir embrasser ma sœur Madeleine et apporter quelques jolies fleurs qu'elle avait ramassées pour petite Rose. Je savais qu'elle faisait tout cela par amitié pour moi et j'étais bien heureux.

Il était convenu entre nous que nous nous marierions ensemble. Mais comme l'époque de la conscription approchait pour moi et que je n'étais pas assez riche pour m'acheter un remplaçant, Catherine m'avait promis, si j'étais soldat, de m'attendre jusqu'au moment où je passerais dans la réserve, c'est-à-dire pendant trois ans; de sorte que nous voyions approcher, sans une trop grande inquiétude, l'époque de mon tirage au sort.

Enfin l'année 1869 arriva. Dans le courant du mois de février, je me rendis avec mon père au chef-lieu du canton, où le tirage se fait toujours.

Je me rappelle que c'était par une journée bien froide malgré le beau soleil qu'il faisait. Il avait tombé de la neige qui s'était gelée sur la terre et qui criait comme du verre pilé sous nos souliers ferrés.

En passant devant la maison du père Bourlon, j'aperçus Catherine qui avait entr'ouvert la porte. Elle avait la figure et les mains bleues de froid. Elle me fit signe d'aller lui parler; et mon père, qui, bien sûr, l'avait vue, quoiqu'elle se cachât, me dit en souriant de l'attendre pendant qu'il retournerait chez nous, où il avait oublié quelque chose.

Aussitôt qu'il se fut éloigné, je me glissai à côté de Catherine. Elle me passa au cou une petite médaille d'argent qui avait appartenu à sa mère et qui, disait-elle, devait me porter bonheur; elle me recommanda de dire *Ave Maria* en tirant mon numéro;

puis elle m'embrassa bien fort, et, me repoussant un peu brusquement, elle ferma la porte.

Je me retrouvai ainsi dans la rue au moment où mon père sortait en toussant de notre maison. J'étais un peu étourdi, mais j'avais eu le temps de voir que Catherine pleurait et cela m'avait fait plaisir.

En route mon père me parla du tirage comme si j'avais déjà un mauvais numéro. Il me répéta des choses qu'il m'avait dites bien souvent : qu'un homme se devait à son père, à sa mère, à sa femme, à ses enfants, mais qu'il avait aussi une dette sacrée à payer à sa patrie, qui était aussi sa famille. Il me dit qu'un honnête homme, loin de trembler à l'idée qu'il lui faudra peut-être combattre pour l'honneur de son pays, doit être fier du dépôt glorieux qu'on confie à sa garde.

Qu'après avoir souffert et lutté pour les autres, quelque ingrats qu'ils puissent être, on avait au moins une consolation, c'est d'avoir fait son devoir de Français et de pouvoir dédaigner celui qui a racheté son sang avec de l'or. Enfin il me dit des choses si nobles et si grandes sur les devoirs du soldat que, malgré mon amour pour Catherine, je me sentais presque honteux de désirer tirer un bon numéro.

Quand nous arrivâmes au chef-lieu du canton, on

allait commencer le tirage. J'entrai dans la salle avec mon père, et, mon nom ayant été appelé, je mis la main dans la boîte en prononçant tout haut : *Ave Maria.*

J'amenai le numéro 3.

Au moment où le gendarme Raymond, qui criait tous les numéros à mesure que les conscrits les tiraient de la boîte, proclama le mien, un nuage passa devant mes yeux. Je revis tout d'un coup Catherine, Madeleine, petite Rose, les champs, les arbres, la rivière, enfin tout ce que j'aimais et que j'allais quitter peut-être pour toujours, mon cœur se gonfla et je sentis que j'allais pleurer.

Le gendarme Raymond fut obligé de me pousser pour faire place au conscrit qui me suivait. C'est ce qui me rendit à moi.

Je regardai mon père. Il souriait, mais je voyais bien qu'il était plus pâle que d'habitude.

— Allons, me dit-il en m'embrassant, console-toi, André. C'est un dur moment que celui-là, et on a beau raisonner, ça vous donne toujours un coup de penser qu'on va se quitter pour la première fois. Mais, quand on est un homme, on se console vite et on songe avant tout aux devoirs qu'on a à remplir. La tâche est pénible; eh bien, plus le sacrifice est grand, plus on a le droit, dans ses vieux jours, d'être fier de l'avoir fait avec courage... Allons, viens au Soleil d'Or ; nous mangerons un morceau en causant.

Je serrai la main de mon père, car je sentais bien que, malgré tout ce qu'il me disait, il avait le cœur aussi gros que moi, et nous entrâmes à l'auberge du Soleil d'Or.

Toute la salle était déjà pleine de conscrits avec leurs chapeaux couverts de rubans tricolores, qui buvaient, chantaient et criaient à vous déchirer les oreilles.

Nous nous mîmes à une petite table, qui était dans un coin ; et, pendant qu'on nous servait du pain, du fromage et une bouteille de vin blanc, je regardai tout étonné les conscrits qui faisaient tant de tapage.

Je vous ai dit qu'on est riche dans nos campagnes. Il n'y a pas beaucoup de paysans aussi pauvres que nous l'étions, parce que, depuis vingt-cinq ans, les chemins de fer ont doublé et même triplé le prix de nos récoltes, ce qui a enrichi presque tout le monde.

Aussi il n'y a presque pas de père qui n'ait de côté, à l'avance, la somme nécessaire pour faire remplacer son fils à la conscription, et le pays ne fournit presque pas de soldats.

Eh bien, pendant que je mangeais tristement et que je regardais tout ce qui se passait dans l'auberge, je remarquai que les conscrits qui criaient le plus fort : vive la France ! et qui chantaient des chansons militaires étaient justement ceux qui devaient se faire remplacer.

Cela me fit monter le sang à la tête. Je me dis qu'il ne fallait pas avoir de cœur pour faire ainsi le brave quand on savait très-bien qu'on enverrait tuer un autre homme à sa place; qu'on devrait au moins, dans ce cas, se taire et respecter la peine des autres; enfin quand le fils du père Mathieu, un gros richard de Vineuil, entra dans l'auberge avec des épaulettes rouges sur sa veste et un sabre au côté, comme s'il partait déjà pour la guerre, je lui aurais sauté à la gorge si mon père ne m'avait pas retenu par le bras !

— Je vois ce que tu penses, André, me dit-il, et tu as raison. On verrait tous ces braillards-là faire de jolies grimaces si on venait leur annoncer tout à l'heure qu'ils ne pourront pas se faire remplacer. Mais laisse-les tranquilles. Si la loi est pour eux, l'honneur sera pour toi, et, crois-moi, c'est quelque chose de pouvoir dire à ses enfants : j'ai servi mon pays ; j'ai supporté pour lui la faim, le froid, les fatigues ; j'ai marché au-devant de la mort ; et, pendant tout ce temps-là, celui-ci est resté chez lui.

Mon père me parla encore longtemps de la même

manière, mais mes idées n'étaient plus là. Je pensais à Catherine, qui m'oublierait peut-être pendant les trois ans que j'allais passer loin du pays. Je me disais que peut-être, à mon retour, je la retrouverais mariée avec un de ces beaux braves qui allaient rester au village. J'étais bien malheureux, allez, et je vous assure que c'est un triste jour que celui du tirage au sort quand on est pauvre, qu'on est amoureux et qu'on tire le numéro 3.

Enfin mon père m'entraîna et nous retournâmes au village, seulement je remarquai que nous prenions un détour qui passe par les Aulnais.

J'aurais mieux aimé aller tout droit chez Catherine pour lui annoncer notre malheur, car j'espérais qu'elle me consolerait un peu et me promettrait de penser toujours à moi; mais je n'osais rien dire à mon père, et il était près de quatre heures du soir quand je m'aperçus que nous entrions chez le capitaine Martin.

Le capitaine était assis dans un fauteuil devant sa cheminée, où brûlait un grand feu. Il était coiffé d'un petit bonnet grec, il avait des lunettes et lisait son journal.

Quand il nous vit entrer, il se leva, et, remarquant mon air triste, il me frappa doucement sur l'épaule.

— Tu as tiré un mauvais numéro, je vois ça, dit-il.

— Oui, capitaine, le numéro 3 — répondis-je en baissant les yeux.

— Tiens! c'est justement celui que j'ai tiré il y a trente-six ans, ça te portera bonheur, André. J'étais triste comme toi, mon garçon ; car ma mère était pauvre, et mon frère aîné, qui pourtant avait été exempté de la conscription pour l'aider à vivre, ne s'occupait guère d'elle. Mais tout ça passe, tu verras.

— Marianne, apporte une bouteille de mon vieux vin pour boire à la santé de ce garçon-là, qui sera un brave soldat et un honnête homme.

La vieille servante apporta le vin et des verres. Je trinquai avec le capitaine Martin ; mais j'avais beau faire, je ne pouvais pas écouter ce qu'il me disait; je pensais toujours à Catherine, et il faut que je vous dise tout de suite ce qui me donnait une si grande inquiétude.

Je vous ai déjà dit que Catherine avait promis de m'épouser ; mais le père Bourlon ne savait rien de nos projets et j'étais bien sûr que, si jamais je lui en parlais, il se mettrait en colère et me répondrait que j'étais trop pauvre pour me marier avec sa fille. C'était un homme dur, avare, qui ne pensait qu'à ses écus. Nous nous cachions de lui, Catherine et moi. Toutes les fois que je le rencontrais, je pensais à tout le mal qu'il pouvait me faire en me refusant sa fille, et il me faisait peur.

Vous comprenez alors toutes les idées qui me passaient par la tête à présent que je me voyais forcé de quitter le pays. Je me disais que le père Bourlon finirait peut-être, quand je ne serais plus là, par faire comprendre à Catherine qu'elle avait tort d'aimer un homme qui n'avait rien, un soldat qui ne reviendrait peut-être jamais. Que puisqu'elle était d'âge à se marier, il fallait écouter quelqu'un de ces jeunes gars qui avaient de bonnes terres au soleil et qui lui faisaient les yeux doux quand elle allait le dimanche à la messe, avec sa belle coiffe de dentelle et sa robe de drap fin. Enfin je voyais les choses d'une manière si triste que si je n'avais pas eu honte, je me serais mis à pleurer.

Le capitaine Martin nous reconduisit jusqu'au pont en fil de fer. Là, il me donna une bonne poignée de main, et, au moment où j'allais le quitter, il me dit en riant dans ses grosses moustaches :

— André, demain tu n'iras pas aux champs. Tu m'attendras chez toi à midi ; tu seras habillé, comme aujourd'hui, de tes plus beaux habits, et tu viendras te promener avec moi. Je veux te faire une surprise.

Je le regardai tout étonné, et mon père aussi avait

l'air de ne rien comprendre à ce qu'il voulait faire. Mais il nous tourna tout de suite le dos pour retourner aux Aulnais, et il me dit en s'en allant :

— C'est entendu. Demain à midi, je serai chez toi.

La soirée fut bien triste. Ma sœur Madeleine ne fit que pleurer, malgré tout ce que lui disait mon père pour la consoler; petite Rose, qui ne comprenait pas encore grand'chose, pleurait aussi en voyant pleurer sa sœur. Enfin Catherine vint chez nous en faisant semblant de nous apporter du beurre qu'elle avait fait; et, aussitôt qu'elle m'eut regardé, elle devint toute pâle et se sauva.

Le lendemain, à midi, le capitaine Martin arriva.

— Tu es prêt, dit-il, en me voyant tout habillé. C'est bien. Allons, en route. Michel, je te le ramènerai dans une heure.

Et, sans dire autre chose, il me poussa dehors et sortit en refermant la porte.

Nous montâmes la rue du village. Nous ne parlions pas. Je n'y comprenais rien.

Tout d'un coup quelque chose me passa depuis les pieds jusqu'au bout des cheveux, et je me mis à trembler.

Le capitaine Martin venait d'entrer dans la cour du père Bourlon.

2.

— Eh bien ! me dit-il en se retournant ; pourquoi ne me suis-tu pas. Est-ce que c'est cette jolie fille qui te fait peur ?

Et il donna en riant une petite tape sur la joue de Catherine, qui devint toute rouge et se sauva pour aller prévenir son père.

Nous trouvâmes le père Bourlon dans sa cuisine. Il finissait de manger et était tout seul, car Catherine venait de passer dans une chambre à côté, dont elle avait refermé la porte.

Le fermier ouvrait de grands yeux étonnés. Il nous fit asseoir près du feu et nous offrit un verre de vin.

— Qu'est-ce qu'il y a pour votre service, monsieur Martin ? dit-il enfin la bouche pleine.

— Il y a, Bourlon, répondit le capitaine, que je viens te proposer une affaire.

— Ah ! dit le fermier. — Est-ce que vous êtes décidé à me vendre votre champ des Aulnais ? Et il ajouta en baissant les yeux — c'est que vous savez, M. Martin, l'argent est rare par le temps qui court. Les dernières récoltes ont été mauvaises.....

— Non, Bourlon, non, il ne s'agit pas de mon champ des Aulnais... Tiens, tu vois ce garçon-là ; tu le connais ?

— Pardi, dit le fermier, riant de son gros rire.

C'est André, le fils de Michel Artaud. Un brave gars qui travaille déjà comme deux hommes.

— Eh bien, Bourlon, dit le capitaine. Ce brave garçon est tombé hier au sort. Il va être soldat pendant trois ans, et il est bien malheureux de quitter le pays parce qu'il y laisse son amoureuse.

Je sentis le sang qui me montait à la figure. Je voyais ce qu'allait dire le capitaine; j'avais peur; j'aurais voulu être bien loin de chez le père Bourlon en ce moment.

Le fermier riait d'un air bête. Le capitaine ne faisait pas attention à moi. Il continua :

— J'aime cet enfant-là, moi. Je le ferais remplacer si je ne pensais pas que tous les hommes de son âge doivent servir leur pays; enfin, si je n'avais là-dessus des idées que tu ne comprendrais pas. Mais je veux qu'il s'en aille tranquille et qu'il soit bien sûr que, pendant son absence, son amoureuse ne se mariera pas avec un autre.

Cette fois, le père Bourlon fit un mouvement brusque. C'était un vieux paysan malin et rusé; il comprit où le capitaine voulait en venir et se mit sur ses gardes. Moi, j'avais froid jusqu'à la moelle des os.

— Ah! ah! dit le capitaine en riant, je vois que tu as compris que c'est ta fille qu'aime ce garçon. Eh bien, voyons, qu'est-ce que tu lui répondrais s'il te demandait de lui promettre de ne pas la marier avant son retour.

— Oh ! monsieur Martin, dit le vieux Bourlon en me jetant un regard de travers, Catherine a du bien, vous savez, et le père Artaud a beau être un brave homme, il ne pourra rien donner à ses enfants.

— C'est vrai ; mais pourtant si Catherine aime André, est-ce que tu ne crois pas qu'elle sera plus heureuse en l'épousant que si tu la mariais avec un homme riche qu'elle n'aime pas ?

— Non, non, monsieur Martin, dit le vieux Bourlon.

Moi, voyez-vous, je n'entends rien à toutes ces amourettes, qui n'ont jamais fait faire que des bêtises. Quand, en travaillant toute sa vie, on a mis de côté quelques sous, ce n'est pas pour les donner à ceux qui n'ont rien, et Catherine ne sera pas embarrassée pour trouver un mari.

— Alors, tu refuses de la promettre à André ?

— Oui, monsieur Martin, quoique ça me fasse de la peine de vous refuser quelque chose.

Je compris qu'il n'y avait plus d'espoir. Je jetai un coup d'œil désespéré vers la porte par laquelle était sortie Catherine, et il me sembla entendre pleurer.

— Eh bien, dit le capitaine Martin en attisant le feu avec le bout de sa canne, qu'est-ce que tu dirais si André était aussi riche que ta fille? S'il avait ma maison des Aulnais, le champ que tu voulais m'acheter tout à l'heure, la bonne vigne qu'on aperçoit de ta fenêtre et cinq ou six sacs de mille francs.

— Vous voulez rire, monsieur Martin, dit le père Bourlon en haussant les épaules.

— Non, dit le capitaine — et la preuve, la voilà. Tiens, tu sais lire. Eh bien, regarde ça; c'est mon testament dans lequel je donne tout ce que je possède à André Artaud, que j'aime comme s'il était mon fils, et à qui je ne demande qu'une chose, c'est d'être toujours un honnête homme, comme le vieux Michel.

En parlant ainsi, il tira de sa poche un grand papier carré qu'il tendit au père Bourlon.

J'étais si étonné de ce que je venais d'entendre que je ne pouvais y croire. Je restais cloué sur ma chaise, regardant le capitaine et le père Bourlon avec des yeux stupides. Enfin, de grosses larmes coulèrent sur mes joues et je tombai comme un enfant aux genoux du capitaine Martin, qui souriait dans ses moustaches.

Que vous dirai-je de plus? Le père Bourlon promit tout ce que voulut le capitaine ; il appela même Catherine, qui avait tout entendu et qui vint en pleurant nous embrasser tous les trois. Enfin, quand nous partîmes, j'avais oublié la conscription, le numéro 3, j'étais l'homme le plus heureux de la terre et je me serais jeté au feu pour le capitaine Martin.

III

WISSEMBOURG.

Je restai encore six mois au pays avant d'être appelé au service, et je puis dire que ces six mois sont les plus heureux de ma vie.

Depuis que j'étais sûr d'épouser Catherine, il me semblait que la campagne était plus belle, les blés plus dorés, la rivière plus claire, les prairies plus parfumées.

Ah! quelle bonne chose que l'amour! Comme il vous fait aimer la vie, comme il vous rend le cœur bon et généreux!

Jamais je n'avais tant aimé mon père, ma sœur Madeleine et petite Rose ; jamais l'amitié que me portaient ces braves cœurs ne m'avait paru une chose aussi douce.

Quant au capitaine Martin, je lui devais tout, et c'était pour moi quelque chose comme un Dieu. Je n'osais pas lui dire ce que je sentais pour lui ; mais tout ce qu'il disait, je l'écoutais pour le graver dans ma mémoire. Je comprenais qu'un homme si bon ne pouvait avoir que des idées justes sur la vie, et qu'en suivant ses conseils, j'étais sûr d'être toujours un honnête homme. C'était de cette manière que je comptais lui prouver ma reconnaissance. J'ai fait ce que j'ai pu pour cela ; je continuerai jusqu'à la mort.

Enfin, au mois de septembre, le gendarme Raymond m'apporta un dimanche un papier qui disait que le jeune soldat André Artaud devait se trouver deux jours après à Angoulême, à sept heures du matin, pour être dirigé sur son régiment, qui était le 132ᵉ de ligne [1].

Je fis mes préparatifs, et le lendemain, après avoir embrassé mon père, mes sœurs et Catherine, qui me conduisirent jusqu'au pont en fil de fer, je me dirigeai vers les Aulnais, où passe la voiture d'Angoulême et où j'allais faire mes adieux au bon capitaine Martin.

Je me retournai plusieurs fois avant d'avoir franchi le pont. J'avais beau faire le brave, je pleurais comme un enfant et je voyais que tout le monde pleurait. Enfin, au moment où je me retournais pour la dernière fois, j'entendis de petits cris et je

---

[1] Tout le monde sait que, jusqu'au moment de la guerre avec la Prusse, l'armée française ne contenait que 100 régiment d'infanterie de ligne. L'auteur a choisi à dessein un numéro en dehors de la série réelle ; et on comprendra facilement les raisons qui l'ont guidé dans ce choix.

vis Rose qui courait après moi en pleurant et qui me criait :

— Frère André, je veux que tu m'embrasses encore. Tu penseras toujours à Rose, n'est-ce pas, bon frère André ?

Je tendis les bras à la chère enfant ; je la pressai bien fort sur ma poitrine ; enfin, comme je voyais que le courage allait m'abandonner, je la renvoyai bien vite et je descendis en courant la petite côte qui mène au pont.

Je n'avais pas fait cinquante pas que je rencontrai le capitaine Martin qui venait à ma rencontre. Il me conduisit chez lui, me donna une lettre pour un commandant du 132e, qui était son ami ; puis, me mettant dans la main cinq louis d'or, il me dit que c'était pour mon voyage et que j'aurais besoin du reste pour compléter ma masse. Enfin la voiture étant arrivée, il m'embrassa, me recommanda de lui écrire souvent, et je partis.

Je ne vous parlerai pas de mon voyage, que je fis en chemin de fer à partir d'Angoulême. Je laisserai aussi de côté, si vous le voulez, les souvenirs des six premiers mois que je passai au régiment, parce que tout le monde sait à peu près ce que c'est que la vie du soldat en garnison. J'aime mieux arriver tout de suite au moment où la guerre fut déclarée; car c'est alors que je vis des choses si tristes et si terribles que, vivrais-je cent ans, je ne les oublierais jamais. Le 132e était en garnison dans une place forte de l'Alsace; un beau pays quoiqu'il ne ressemble guère au nôtre. Il y a là de grandes montagnes toutes couvertes de forêts, de belles vallées, des étangs où l'on récolte le poisson comme chez nous les fruits de la terre. C'est un riche pays enfin, et, malgré que les paysans y parlent allemand, ils aiment beaucoup la France.

Vers le mois de juillet de l'année dernière, j'étais passé au bataillon ; je pensais souvent avec plaisir que, dans deux ans, je reverrais mon village et tous ceux que j'aimais, lorsqu'un jour le sergent Deligny, un vieux soldat qui avait la poitrine couverte de médailles et que nous aimions tous parce qu'il était très-juste et ne punissait jamais que ceux qui faisaient exprès de manquer à leur service, entra le matin avant le réveil dans notre chambre et nous cria :

— Ohé ! les hommes ; il y a du nouveau, vous savez. On va mettre sur son as de carreau la tente-abri, la marmite et tout le tremblement, et on va aller voir si les Prussiens trouvent que les balles du chassepot sont aussi faciles à digérer que des noyaux de prune.

Le caporal Brun, un vieux soldat aussi, qui avait fait la campagne d'Italie, sortit ses moustaches de dessous la couverture.

— C'est pour tout de bon, sergent, ce que vous nous dites-là ? demanda-t-il.

— Pardi ! répondit le sergent. La guerre est déclarée. On dit que nous partons demain, et j'ai déjà fait mon sac.

Le caporal Brun ne fit qu'un saut à bas du lit. Il enfila son pantalon en un clin d'œil et nous cria, de la voix terrible qu'il prenait quand il était tout à fait de bonne humeur :

— Allons, la 3ᵉ escouade, debout ! Dans une heure, je passerai l'inspection des armes et des cartouches.

Puis il décrocha lui-même son fusil du râtelier, et se mit à le démonter sur son lit, en chantant une vieille chanson militaire.

Presque aussitôt, le clairon sonna *la diane* dans la cour. C'était l'air ordinaire, un air qui est assez joli, quoiqu'on le maudisse bien souvent parce qu'on l'entend de trop bonne heure et qu'il vous force à vous éveiller justement au moment où on a le plus envie de dormir. Mais, cette fois, le clairon y ajoutait des coups de langue, *des fioritures*, comme disait le capitaine, et il termina en sonnant la charge.

Il paraît que la nouvelle que nous avait apportée le sergent Deligny était connue dans toutes les chambrées ; car, à peine le clairon eut-il cessé de jouer, que j'entendis de grands cris dans toute la caserne. Je regardai par la fenêtre et je vis les soldats se précipiter dans la cour en s'embrassant, en jetant leurs casquettes en l'air. Tout le monde criait : Vive la France ! et, sans m'en douter, je me mis à faire comme les autres.

Dans la journée, je me mis à réfléchir à tout cela, et beaucoup de choses que j'avais entendu dire au capitaine Martin me revinrent à la mémoire. Je me dis que tous ces pauvres soldats, dont la plupart étaient là parce que, comme moi, ils n'avaient pas pu se faire remplacer, étaient réellement de braves gens, puisqu'ils acceptaient la guerre avec tant de courage. Qu'avaient-ils à gagner ? rien. Au contraire, ils avaient tout à perdre et ils savaient bien que beaucoup d'entre eux ne reverraient jamais leur village. Ils chantaient pourtant ; ils comprenaient que, pour une raison ou pour une autre, le pays avait besoin de leur vie, et ils la donnaient non pas avec résignation, mais avec joie....

Oh ! les égoïstes, qui ne songent qu'à leur bien-être, ont beau dire, c'est quelque chose de grand et de respectable que la patrie, puisqu'elle peut donner à de pauvres paysans, qui n'ont jamais lu un seul mot de notre histoire, la force de se sacrifier gaiement pour elle.

Malgré ce que nous avait dit le sergent Deligny, nous ne partîmes que le surlendemain.

On avait complété nos cartouches, mais on ne nous donna pas les effets de campement, parce qu'il n'y en avait pas dans la place. Cela nous étonna un peu ; mais au fond nous n'en étions pas trop fâchés. Nos sacs étaient déjà lourds et il faisait une chaleur du diable.

Nous mîmes quatre jours pour arriver à Strasbourg. Dans toutes les villes où nous nous arrêtions, nous étions reçus à bras ouverts. On nous payait de la bière, du vin blanc du pays, qui n'est pas mauvais, mais qui vous casse la tête ; et les jeunes gens se promenaient le soir avec nous en chantant la *Marseillaise* et en criant : A Berlin ! à Berlin !

Ils étaient enragés ; ils détestaient les Prussiens ; ils voulaient les écraser ; mais, au lieu de partir avec nous, ils restaient chez eux pour y faire des ambulances.

C'était pourtant des gaillards de vingt à vingt-cinq ans, bâtis comme des hercules, et qui auraient joliment porté l'as de carreau, comme disait le sergent Deligny.

Nous restâmes deux jours campés en dehors de Strasbourg, près d'un faubourg qu'on appelle la Robertsau, et là, on nous donna un peu de campement. Mais il paraît que l'arsenal et les magasins n'étaient pas aussi bien montés qu'on le croyait, car nous ne pûmes pas avoir d'aiguilles de rechange pour nos fusils, et que beaucoup d'hommes, auxquels il manquait une paire de souliers, furent obligés de s'en aller comme cela.

Dans la nuit du troisième jour, il était onze heures du soir lorsque l'adjudant fit sonner aux sergents-majors, et on vint nous prévenir que nous devions prendre le chemin de fer à 1 heure du matin.

Nous abattîmes nos petites tentes, nous fîmes nos sacs, et, après avoir pris nos rangs, nous traversâmes la ville de Strasbourg, où tout le monde dormait, pour nous rendre à la gare.

Le caporal Brun, qui connaissait la ville pour y avoir été en garnison, regarda la direction du train avant de monter dans le wagon ; puis, quand il fut assis à côté de moi, il me dit à l'oreille :

— Fusilier Artaud, nous allons à Haguenau. J'ai entendu tout à l'heure le commandant qui disait que nous faisions partie du corps du maréchal Mac-Mahon. C'est un rude lapin celui-là ; je l'ai vu en Italie, à Magenta, où il a flanqué une danse soignée aux Autrichiens. Avec lui, nous serons aux premières loges ; je ne vous dis que ça.

Il était jour quand nous arrivâmes à Haguenau. Il tombait une petite pluie fine qui nous donnait froid ; mais on ne nous laissa pas longtemps en place. Un gros homme, que nous n'avions jamais vu et qui, il paraît, était notre général de brigade, sortit d'un wagon en se frottant les yeux, monta à cheval, et nous le suivîmes pendant une heure, jusqu'à un grand bois de sapins, où on nous arrêta.

Il y avait déjà dans ce bois un régiment de zouaves qui faisait la soupe. C'était des hommes solides et qui avaient un costume que je n'avais pas encore vu. Beaucoup avaient de grandes barbes qui leur tombaient sur la poitrine ; ils n'étaient pas embarrassés comme nous pour faire leur cuisine. Les uns apportaient du bois, les autres de l'eau ; quelques-uns allaient sans façon dans les champs et dans les jardins, où ils prenaient tout ce qui leur convenait, comme si c'était à eux. Enfin quand leurs sous-officiers leur parlaient, ils n'avaient même pas l'air d'y faire attention.

Il paraît que ce régiment arrivait d'Afrique, et que, dans ce pays, on n'est pas sévère avec le soldat comme chez nous. J'ai pensé depuis qu'on avait tort.

Vers dix heures du matin, on nous fit remettre sac au dos et nous partîmes. Nous marchions dans un beau pays où il y avait beaucoup de bois et où l'on voit des champs entiers remplis de grandes perches toutes droites, autour desquelles grimpe une plante à larges feuilles. Un camarade, qui était des Vosges, me dit que c'était du houblon, qu'on s'en servait pour faire la bière, et que c'était une des richesses du pays.

Vers quatre heures, nous traversâmes un assez fort village qu'on appelle Reichshoffen, et enfin une heure après, on nous fit camper sur une hauteur, tout près d'un autre village appelé Niederbronn.

Nous restâmes plusieurs jours dans cet endroit, seulement tous les matins nous partions sac au dos pour faire des reconnaissances dans les environs, qui sont de toute beauté. Tantôt nous allions sur la route de Wissembourg et nous passions par Reichshoffen, Freschwiller et Lambach, tantôt nous suivions la vallée du Jägerthall et nous revenions par des petits sentiers qui traversent la montagne ; une autre fois, nous allions dans les gorges où passe le chemin de fer de Sarreguemines ; enfin ces marches étaient bien fatiguantes, mais elles étaient tout de même agréables à cause de la beauté du pays, et les plus mauvais marcheurs tiraient déjà moins la jambe, parce qu'on s'habitue à tout.

On ne s'ennuyait pas du tout à Niederbronn. Le soir, on allait se promener dans un grand jardin qui est à côté d'une maison où il y a des malades qui prennent des bains ; des musiciens y jouaient de jolis airs qui finissaient toujours par la *Marseillaise*, et, quand on rentrait sous sa petite tente pour se coucher, on ne pensait pas beaucoup aux Prussiens.

Un jour pourtant nous entendîmes des bruits sourds qui avaient l'air de venir de très-loin. Les uns disaient que c'était des coups de canon, les autres soutenaient que c'était le bruit du tonnerre dans la montagne. Je ne sais pas qui avait raison, mais le lendemain, on nous annonça qu'un combat avait eu lieu à un endroit qu'on appelle Saarbrück, et qu'on avait complétement battu les Prussiens.

Cette nouvelle nous fit grand plaisir, comme vous devez le penser. Nous nous remîmes à songer à la guerre, et le caporal Brun, qui aimait beaucoup à parler avec moi, parce que je faisais toujours bien mon service, me dit :

— Fusilier Artaud, c'est l'absinthe cette affaire de Saarbrück. On commence toujours comme ça pour se mettre en appétit. Nous entendrons bientôt le roulement de la soupe, et vous verrez que c'est Mac-Mahon qui le battra..... Pourtant, continua-t-il en tirant de sa poche un petit journal qu'il avait acheté à Niederbronn, il y a une chose qui me chiffonne. Voilà une lettre de l'empereur, qui écrit à l'impératrice que le maréchal Lebœuf a fait des merveilles; que l'armée est dans l'abondance, qu'on ne manque de rien ; et les trois hommes qui sont arrivés hier dans l'escouade n'avaient seulement pas de cartouches, ni de toiles de tente..... Enfin tout ça s'arrangera, puisque le ministre de la guerre a juré qu'il ne manquait pas un bouton de guêtre.

Le lendemain soir, la pluie commença au coucher du soleil. Elle dura toute la nuit, et, comme nous étions campés dans des terres labourées, il n'y eut pas moyen de garder nos petites tentes dressées. Nous étions mouillés jusqu'aux os; mais heureusement on nous fit faire les sacs, et nous partîmes pour tout de bon de Niederbronn, en suivant la route de Wissembourg.

A Reichshoffen, nous nous arrêtâmes un moment à côté d'une prairie où était campée l'artillerie. C'est là que, pour la première fois, je vis les mitrailleuses, dont tout le monde parlait sans les connaître.

Elles ressemblaient à nos canons, mais elles avaient en arrière une poignée comme les moulins à café et leur bouche était enveloppée avec un morceau de cuir qui empêchait de voir comment elle était faite.

Les artilleurs disaient que c'était une chose terrible que ces mitrailleuses, qu'on tuait avec cela des bataillons entiers, et qu'à Saarbrück, c'étaient elles qui avaient tout fait.

Tout le monde les regardait avec admiration. On riait beaucoup en pensant aux Prussiens, qui n'en avaient pas.

Il pleuvait encore quand nous arrivâmes à Lembach, où nous devions camper.

Mais on n'avait pas encore allumé le feu pour faire le café que voilà un officier d'état-major qui vient parler au colonel, et aussitôt on se remet en marche en laissant les sacs au camp.

Nous grimpons dans la montagne, dans des sentiers de chèvres, et nous marchons ainsi pendant deux heures.

Le temps s'était découvert; il faisait chaud, nos capotes trempées fumaient. Nous n'avions pas mangé depuis la veille, aussi ceux qui avaient eu l'idée de prendre un biscuit dans leur poche le mangeaient sans s'occuper des autres.

Enfin on nous arrêta sur une montagne toute couverte de sapins, d'où on avait une vue admirable, et nous commençâmes à entendre le canon, mais loin, loin dans la direction de Wissembourg.

Les officiers s'étaient réunis près d'un gros rocher. Ils causaient ensemble et montraient souvent de la main la direction d'où venait le canon ; plusieurs avaient des cartes qu'ils regardaient en parlant. Ils avaient l'air d'être inquiets.

Enfin les coups de canon cessèrent et on n'entendit plus rien ; puis un officier d'état-major étant venu porter un ordre au colonel, nous revînmes au camp.

Nous avions marché beaucoup ; très-peu d'entre nous avaient mangé, aussi nous nous attendions à trouver en arrivant de la viande pour faire la soupe. Mais il n'y avait rien que nos sacs, dans lesquels il ne restait que deux ou trois biscuits, et encore il fallut se remettre en route pour aller d'un autre côté.

Heureusement que, cette fois encore, on ne nous fit pas prendre les sacs, parce que sans cela nous n'aurions jamais été capables de marcher. On chargea une compagnie d'aller à Lembach chercher des voitures pour les porter, et nous partîmes devant.

Nous avions traversé le village ; nous montions une côte très-raide ; nous tirions la jambe, et le sergent Deligny, qui avait toujours quelque plaisanterie pour nous faire oublier la fatigue, ne réussissait déjà plus à nous faire rire, lorsqu'un soldat du 74ᵉ, son fusil sur l'épaule, traversa nos rangs en descendant la route.

— D'où venez-vous? lui demanda le sergent Deligny en l'arrêtant.

— De Wissembourg, où nous avons été battus aujourd'hui par les Prussiens.

— Battus! cria le sergent.

— Oui, ils étaient dix contre un, ils nous ont entourés, et tout ce qu'on a pu faire, c'est d'essayer de se sauver.

Le sergent était blanc de colère; il avait empoigné l'homme par le bras et le forçait à remonter la côte avec nous.

— Et pourquoi n'êtes-vous pas resté avec votre régiment? demanda-t-il.

— Mon régiment! mais il n'y en a plus. Tout le monde a été pris ou tué. Je ne sais pas comment j'ai pu m'en tirer.

— Tout cela est faux, cria le sergent, qui ne pouvait plus arrêter sa colère. Je parierais ma moustache contre tes trois poils de barbe que tu es un de ces lâches qui se sauvent aussitôt qu'ils entendent un coup de canon, et qui vont ensuite faire peur à tous les autres... des gredins qui mériteraient qu'on les pende comme des chiens parce qu'ils ne valent pas la peine qu'on les fusille... Je parie que ton fusil n'a pas tiré une cartouche.

Et, saisissant brusquement le fusil du soldat, il ouvrit la batterie qui était toute noire de poudre.

Le sergent cette fois devint tout rouge.

— Quel était ton général? demanda-t-il.

— Le général Douay. Il est mort.

— Et où vas-tu?

— A Lembach, chercher du pain; car je n'ai pas mangé d'aujourd'hui.

— Eh bien, va, dit le sergent. Caporal Brun, restez avec cet homme jusqu'à ce que le régiment soit passé; et, s'il dit un seul mot de tous les mensonges qu'il vient de nous raconter, tirez-lui une balle dans la tête.

Puis, mettant son fusil à volonté, le sergent commença à chanter une chanson qui nous faisait toujours rire; seulement il me sembla que sa voix était un peu changée.

Il était nuit quand nous arrivâmes à un village qu'on appelle Phaffenbronn. On nous fit former les faisceaux dans une prairie; et, comme nous n'avions rien pour faire la soupe, nous allâmes chez les paysans demander du lard à acheter.

Ils n'avaient plus rien. Il paraît qu'il y avait beaucoup de troupes à côté de nous, qu'on avait tout pris pour elles ; et il fallut se contenter de notre dernier biscuit.

Nos officiers n'étaient pas plus heureux que nous ; ils n'avaient pas leurs bagages, qui étaient restés avec nos sacs ; et je suis bien sûr que beaucoup n'avaient même pas un morceau de biscuit à se mettre sous la dent.

Pour se consoler, on fit de grands feux dans la prairie, qui était très-humide ; on dormit comme on put ; la nuit se passa ainsi.

Au jour, j'entendis du bruit sur la route, et je m'approchai pour voir ce que c'était.

La division qui s'était battue la veille à Wissembourg passait au milieu de nous pour se retirer du côté de Lembach.

Il n'y avait pas plus de cinquante hommes dans chaque régiment, et encore plusieurs étaient blessés. Ils marchaient tristement, la tête basse, derrière leurs officiers qui entouraient le drapeau. Ça fendait le cœur de les voir.

Un de ces braves gens, qui était blessé à la jambe et qui marchait avec beaucoup de peine en s'appuyant sur un bâton, s'arrêta un moment à côté de moi et me demanda à boire.

Je lui donnai bien vite mon petit bidon, qui était

plein d'eau fraîche ; il le but presque tout entier, puis il me le rendit en me remerciant.

C'était un homme de mon âge, un paysan comme moi, avec une de ces bonnes figures honnêtes comme on en voit au village.

— Vous souffrez? lui demandai-je.

— Oui, dit-il, c'est une balle qui m'a traversé la jambe. Ça me fait plus mal aujourd'hui qu'hier.

— Mais pourquoi ne montez-vous pas dans une charrette?

— Oh! dit-il, ceux qui sont là sont encore plus malades que moi; ils ne peuvent plus tenir leur fusil... Moi, j'ai les bras solides; et, une fois assis, je pourrai encore tuer quelques-uns de ces brigands qui n'ont pu nous battre hier que parce qu'ils étaient dix fois plus nombreux que nous. Ils ont brûlé Wissembourg; ils brûleront toute la France si on les laisse faire. Eh bien! s'il viennent jusque dans mon village, je veux qu'ils m'aient tué auparavant.

En me disant cela, il me remercia encore une fois, et il s'en alla en boitant pour rattraper son régiment.

J'avais les larmes aux yeux. Je détournai la tête pour ne pas voir passer les charrettes qui portaient les blessés; et, à ce moment, j'aperçus tout près de moi le sergent Deligny, qui était appuyé contre un arbre. Il était tout pâle.

— Jeune homme, me dit-il. C'est un brave soldat que ce garçon qui vient de vous parler. Si tous les Français étaient comme lui, nous ne battrions pas longtemps en retraite. Tout le monde dit que les Prussiens nous poursuivent ; qu'ils sont cent mille hommes, tandis que notre corps d'armée n'en a pas trente mille. Eh bien, s'ils nous attaquent, il faut faire comme ce jeune homme et leur prouver que nous sommes des Français... Venez, on sonne l'assemblée ; nous allons partir.

IV

FRŒSCHWILLER.

Notre bataillon était tout à fait à l'arrière-garde pour la retraite.

Le commandant attendit que toutes les charrettes qui portaient les blessés eussent descendu la côte de Lembach, puis il laissa notre compagnie derrière et partit aussi avec le reste du bataillon.

Quand il eut disparu depuis un quart d'heure, notre capitaine, un homme de cinquante ans, tout gris, mais solide comme un jeune homme, commanda à son tour le lieutenant avec vingt hommes pour former l'extrême arrière-garde. Enfin tout le monde se mit en route.

J'étais, avec le sergent Deligny et le caporal Brun, dans les vingt hommes qu'avait choisis le capitaine. Nous marchions au petit pas, regardant toujours derrière nous et gardant la main à la batterie de nos fusils; mais nous ne voyions rien.

Quelquefois pourtant, il nous semblait apercevoir, à travers les branches d'arbres, quelque chose qui brillait; mais tout cela disparaissait bien vite, et, si nous nous arrêtions pour écouter, nous n'entendions rien que les cris des charretiers du côté de Lembach.

En passant au village, nous pûmes heureusement nous partager une caisse de biscuits que le commandant avait fait laisser pour nous. Nous avions grand faim depuis la veille; le biscuit nous sembla bien bon.

Cette marche dura toute la journée. Enfin à quatre heures du soir, nous arrivâmes au village de Frœschwiller, et nous allâmes rejoindre le reste du régiment, qui était campé un peu sur la droite, dans des champs.

Quand nous eûmes formé les faisceaux, on nous amena, dans des charrettes, nos sacs que nous n'avions pas revus depuis la veille; on nous donna un peu de viande pour faire la soupe; et, pendant que les marmites bouillaient, j'allai voir ce qui se passait à côté de nous.

Il y avait beaucoup de troupes sur le plateau qui entoure Reichshoffen. On en voyait du côté de Neuwiller, de Frœschwiller, de Wœrth, enfin dans tous les villages que nous connaissions parce que nous y avions été plusieurs fois en reconnaissance.

Il y avait de l'infanterie, de l'artillerie avec ses

canons et ses mitrailleuses, des cuirassiers qui brillaient au soleil comme des miroirs. Enfin il y avait tant d'uniformes différents que c'était à ne pas s'y reconnaître et que je me demandais comment nous ferions, dans une bataille, pour savoir si nous avions affaire à des Français ou à des Prussiens.

Toute cette armée faisait un grand demi-cercle en avant de Reichshoffen, comme si elle voulait empêcher les Prussiens de passer par la route de Niederbronn.

Pendant que je regardais tout cela, j'entendis un coup de canon, et, en tournant la tête du côté de Wœrth, je vis une grande fumée blanche qui montait au ciel.

Deux ou trois coups partirent encore, puis je n'entendis et ne vis plus rien.

— Les Prussiens sont là, pensai-je; ils nous ont suivis. Mais cette fois, ils n'auront pas affaire à trois pauvres régiments, comme à Wissembourg. D'ailleurs, voilà des mitrailleuses et des canons qui nous donneront un bon coup de main..... Ils verront ce que c'est que d'entrer en France.

Je rentrai au camp. Tout le monde disait que la bataille était pour le lendemain, que Mac-Mahon était arrivé et qu'on allait reprendre Wissembourg. Puis on criait contre l'administration, parce que la soupe était trop maigre. Enfin la nuit arriva et nous nous couchâmes.

J'eus beaucoup de peine à m'endormir. L'idée que mon père, Catherine, Madeleine et petite Rose pleuraient en ce moment à cause de moi et que je ne les reverrais peut-être jamais ne me quittait pas. Je pensais à ceux qui, en achetant un remplaçant, avaient pu rester au village; je trouvais qu'ils étaient bien heureux. Puis le souvenir des choses que mon père et le capitaine Martin m'avaient dites si souvent sur les devoirs du citoyen me revenait à la mémoire. Je sentais que j'aurais honte d'être tranquillement chez moi quand l'ennemi brûlait et massacrait tout en France; que je n'oserais plus lever les yeux devant Catherine quand les journaux viendraient nous apprendre que des hommes de mon âge s'étaient bravement battus pour défendre le pays. Je me disais alors que, si c'était une chose bien dure que de penser qu'on va peut-être mourir d'une balle ou d'un boulet, sans avoir même la consolation de dire adieu à ceux qu'on aime, au moins tous les honnêtes gens ne parleraient de vous qu'avec respect. Enfin ces idées me donnaient un peu de courage.

Vers minuit, je m'éveillai. Il pleuvait à verse; le vent avait renversé notre tente-abri, et tous les hommes juraient en essayant de la relever.

Malheureusement la terre était trop mouillée, les piquets ne tenaient pas; il fallut attendre le jour sous la pluie.

Enfin le soleil parut, le vent emporta les nuages, et nous pûmes nous sécher près des feux qu'avaient allumés les cuisiniers.

Nous bûmes un peu de café, car il n'y avait pas de viande pour faire la soupe; et, presque aussitôt le colonel, passant devant les faisceaux, nous fit mettre sous les armes.

On nous conduisit à la gauche du village de Frœchwiller, on nous fit asseoir en colonne serrée dans un champ de pommes de terre, et trois compagnies partirent en tirailleurs, dans un bois qui était devant nous, en bas de la côte.

Nous étions là depuis un quart d'heure, nous ne voyions pas les Prussiens, mais une batterie, qui était près du village, tirait des coups de canon, et j'entendais un petit bruit, comme le sifflement continuel d'un bouvreuil, lorsque le soldat qui était assis à côté de moi lâcha son fusil, qu'il tenait entre ses genoux, poussa un cri et roula par terre.

Il était mort. C'était des balles qui faisaient le bruit qui m'avait étonné : l'une d'elles avait percé la tête du malheureux un peu au-dessus de l'oreille gauche. Le sang coulait du trou comme d'une bouteille renversée.

— Enlevez cet homme, dit le capitaine, et portez-le derrière le bataillon.

Pendant que deux soldats emportaient le malheureux, et que je cherchais à me remettre du coup que sa mort m'avait donné, un sifflement plus fort que les autres se fit entendre; puis un nuage de poussière se souleva avec un grand bruit, et trois hommes se roulèrent par terre en criant.

L'un avait une jambe coupée, l'autre portait la main à sa poitrine, où sa capote était toute déchirée; le troisième avait la main droite pleine de sang.

C'était un obus qui venait d'éclater au milieu de nous, et presque aussitôt deux autres le suivirent, mais ceux-là sans faire de mal à personne.

Du moment que les obus commencèrent à tomber dans le bataillon, on ne fit plus attention aux balles, car c'est quelque chose de vraiment terrible que le bruit que font ces grosses masses de fer en passant et en éclatant.

Quand il en arrivait un, tout le monde baissait la tête; on *saluait*, comme disait le sergent Deligny, et on voyait des figures qui devenaient toutes pâles.

C'est qu'aussi ça fait de l'effet, je vous assure, d'être obligé de rester assis à la même place quand on voit à tous moments un homme, quelquefois deux ou trois, qui tombent en criant. Si encore on pouvait se défendre ! On croit qu'en tuant quelqu'un, ça serait moins dur d'être tué.

Le commandant était toujours sur son cheval ; il passait tranquillement devant le bataillon en nous parlant comme à des amis, pour nous donner du courage ; puis il envoyait l'adjudant-major voir ce que faisaient les tirailleurs dans le bois. Il avait l'air d'être à l'exercice.

Je ne sais pas depuis combien de temps ça durait, quand je vis arriver au trot une batterie de mitrailleuses, qui vint se placer près de nous. On nous fit déployer en bataille sur le bord de la hauteur, dans un petit fossé où il y avait encore de l'eau qui était tombée pendant la nuit.

Dans cette position, nous faisions face à des champs moissonnés qui allaient en descendant vers un bois assez loin de nous ; mais on ne voyait personne.

Tout à coup nous aperçûmes des pantalons rouges qui sortaient les uns après les autres du bois, en tirant des coups de fusil ; puis toute la lisière des arbres se couvrit de lignes noires, dans lesquelles on voyait reluire des fusils et des sabres.

— Attention, dit le commandant, et que personne ne tire avant mon commandement.

Nos tirailleurs battaient toujours en retraite sans

se presser, seulement ils s'arrangeaient de manière à nous découvrir les grosses masses des Prussiens.

Les artilleurs étaient derrière leurs mitrailleuses ; nous tremblions d'impatience en armant nos fusils.

Enfin les grosses masses noires se mirent en marche. Elles grimpèrent dans les champs qui étaient devant nous en poussant des cris de sauvages, et, quand elles ne furent plus arrivées qu'à trois ou quatre cents pas, le commandant cria de sa voix claire :

— Feu de bataillon. Bataillon, armes. A deux cents mètres. Joue..... Feu !

Un bruit terrible, suivi d'un grincement continuel qui venait des mitrailleuses, éclata, et une fumée épaisse couvrit les masses noires.

Quand la fumée se fut fondue dans l'air, nous regardâmes.

Les Prussiens s'étaient arrêtés.

— Joue..... Feu ! cria le commandant.

Cette fois, la fumée fut emportée par un coup de vent. Nous vîmes les masses noires plier sous notre feu, comme les blés murs sous le vent d'orage ; puis tout lâcha pied, et les Prussiens se sauvèrent en courant, en se bousculant, en criant, jusqu'au bois, où ils se cachèrent.

Trois cents des leurs pour le moins restaient couchés dans les sillons.

— Bravo, mes enfants! dit le commandant; mais que personne ne bouge, ça va recommencer tout à l'heure.

Il y eut un moment de repos, excepté pour les mitrailleuses qui tiraient toujours sur le bois. Je m'amusais à les regarder, car ça faisait vraiment plaisir de voir le sang-froid des artilleurs et le feu continuel de ces six pièces. — Tout à coup un obus arriva en plein sur l'une d'elles, cassa ses deux roues et tua l'homme qui tournait la manivelle.

Les Prussiens avaient vu ces mitrailleuses qui tiraient sur eux sans s'arrêter. Ils avaient alors placé des canons sur une hauteur qui se trouvait en face, et ils voulaient les démonter.

C'est étonnant comme les canons de ces maudits Prussiens portent loin. On ne voyait leur batterie qu'à cause de la fumée blanche qui montait au ciel chaque fois qu'un coup partait, et presque tous leurs obus arrivaient sur les mitrailleuses.

J'étais bien étonné de voir que les artilleurs ne leur répondaient pas, car je me disais qu'une bonne décharge au milieu des canons prussiens les aurait joliment bousculés; mais il paraît que les mitrailleuses ne peuvent pas tirer au delà d'un quart de lieue, et la batterie prussienne était beaucoup plus loin.

Enfin, au bout d'un moment, trois mitrailleuses étaient démontées et les autres furent obligées de s'en aller.

Tout ça me fit voir qu'on avait beaucoup trop vanté ces pièces, ou que du moins il ne fallait pas les employer en batterie comme on venait de le faire, puisque, aussitôt que les canons pouvaient les voir, elles étaient perdues.

Ah! si on les avait mises, par une ou par deux sur la lisière d'un bois, les Prussiens n'auraient pas pu les démonter comme cela : ils n'auraient jamais pu savoir où elles étaient.

Quand les mitrailleuses furent parties ou démontées, la batterie prussienne tira sur nous, et les masses noires sortirent encore une fois du bois.

Le commandant venait d'avoir son cheval tué, mais il en avait tout de suite pris un autre.

— Attention, dit-il, et surtout du calme.

Les masses noires avançaient.

Lorsqu'elles furent arrivées tout près de l'endroit où elles avaient laissé leurs morts, on pouvait voir des officiers à cheval qui criaient et nous montraient avec la pointe de leur sabre.

— Joue... Feu! cria le commandant!

Nous entendîmes un grand cri dans les masses noires; elles roulèrent précipitamment jusqu'au bois, et nous ne vîmes plus rien qu'une nouvelle quantité de morts et de blessés qui restaient dans les sillons.

J'entendis alors un petit rire sec à côté de moi, et, en retournant la tête, je vis le sergent Deligny qui frisait sa moustache.

— Quelles jambes ils ont! disait-il en fermant un peu ses petits yeux gris. Quand ils courent, on ne voit que des semelles de souliers. Allons, on peut allumer une pipe; il faut leur donner le temps de respirer.

Les obus continuaient à arriver sur nous, mais on s'y était habitué. Quand il en tombait un qui ne touchait personne, tout le monde riait.

Nous ne voyions plus venir personne du côté du bois; nos tirailleurs y étaient rentrés derrière les Prussiens, mais nous entendions un bruit du diable à notre droite, du côté de Wœrth, et on voyait une grande fumée noire qui cachait tout un coin du ciel.

Pendant que nous causions dans notre fossé, le commandant regardait devant nous avec sa lunette.

Je portai les yeux dans cette direction et je vis toute la route de Wissembourg noire de monde.

C'étaient des Prussiens. Il en arrivait, il en arrivait ! Ça semblait une rivière que l'orage a grossie et qui court en débordant dans toute la campagne. Jamais je n'avais vu tant de monde à la fois.

Il pouvait bien être, à ce moment-là, deux heures de l'après-midi, car le soleil penchait déjà dans la direction de Reichshoffen, et je me disais que, s'il continuait à arriver des Prussiens comme ça, nous finirions par être entourés, comme les autres l'avaient été à Wissembourg.

Pourtant le canon du côté de Wœrth s'était arrêté ; nos tirailleurs étaient toujours dans le bois, ce qui prouvait que les masses noires ne pensaient plus à nous attaquer. Je tirai un biscuit de mon sac et je me mis à manger.

J'aurais bien bu une petite goutte d'eau-de-vie, car le biscuit ne donne pas beaucoup de forces. Malheureusement nous n'en avions pas. On disait que l'administration n'avait pas encore pu nous en procurer, mais qu'il en arriverait dans deux ou trois jours. Pourtant je ne me rappelle pas qu'on nous en ait donné une seule fois, même à Sedan.

Il y avait bien une heure que nous étions tranquilles dans notre fossé ; nous ne recevions même plus d'obus. La route de Wissembourg était toujours couverte de [Prussiens qui arrivaient ; je ne pouvais pas comprendre où tout ce monde-là passait.

Tout à coup la canonnade recommença d'une manière terrible à notre droite. On aurait dit qu'elle s'était rapprochée de nous et que plus de deux cents pièces de canon tiraient à la fois.

On voyait partout, derrière nous, la poussière des sillons qui volait quand il tombait des obus. La terre tremblait.

Je me dis : — Allons, c'est le grand coup. Ces gueux de Prussiens attendaient tout le monde qui arrive sur la route. A présent ils vont essayer de nous enfoncer.

Pendant que je faisais ces réflexions et que je regardais éclater les obus derrière nous, j'aperçus un cavalier qui arrivait à bride abattue.

Il venait du côté de Wœrth, et, en une minute, il fut à côté du colonel, qui était à notre gauche, derrière le 2ᵉ bataillon.

Le cavalier parla un moment avec le colonel, en tendant la main du côté où on entendait le canon; puis il repartit au grand galop.

— Commandant, cria le colonel, faites former votre bataillon en colonne. Nous allons nous porter en avant de la route qui va de Frœschwiller à Reichshoffen. Envoyez dire à nos tirailleurs de rentrer; ils nous rejoindront là-haut.

En un clin d'œil, les trois bataillons étaient formés en colonne. Nous nous mîmes en marche.

Nous traversâmes tout le terrain qui était labouré par les obus; nous laissâmes à notre gauche Frœschwiller, qui brûlait comme Werth, et nous arrivâmes près de la route de Reichshoffen.

Au moment où nous approchions, un autre régiment, dont je ne me rappelle pas le numéro, battait en retraite sous un feu épouvantable. Un nuage de poussière et de fumée, qui montait jusqu'au ciel, couvrait la campagne. On ne voyait pas à cinquante pas devant soi.

Notre général de brigade, le gros homme que j'avais vu pour la première fois à Haguenau, était debout sur la route, à côté de son cheval, qui venait de tomber et qui battait la terre de ses pieds.

— France! France! cria-t-il en se tournant vers le régiment qui battait en retraite. Du courage; voilà des secours. Le régiment s'arrêta, fit demi-tour, et je vis son drapeau déchiré qui se portait devant le premier rang.

— En avant! cria le général. A la baïonnette!

Et, tirant son épée, il sauta le fossé pour s'élancer dans le nuage de poussière.

Nous le suivîmes en courant. J'entendais des cris de douleur derrière moi, des respirations oppressées, des bruits sourds, comme ceux que font des corps en tombant. Tout à coup je m'embarrassai les pieds contre quelque chose et je roulai par terre en lâchant mon fusil.

— La main, donnez-moi la main, me cria une voix au moment où je me relevais.

Je vis alors le commandant, qui était par terre. J'avais trébuché sur son cheval, qui venait d'être tué; il avait encore la jambe prise dessous.

Je l'aidai à se sortir de là et nous courûmes tous deux vers le bataillon, qui venait de s'arrêter dans un champ de pommes de terre.

Je sentais le sang qui bouillait dans ma tête, je serrais les dents, et, si j'avais eu peur au commencement de la journée, je vous assure que ça m'était passé.

Les Prussiens avaient reculé; on ne les voyait même plus à travers la fumée, mais la terre volait autour de nous. C'était une véritable grêle de balles et d'obus qui nous arrivait.

Nous n'étions pas encore arrivés au bataillon, que le commandant, qui courait avec ses grandes bottes, roula comme un lapin dans la poussière, sans pousser un cri.

Cette fois je le crus mort, et je continuai ma course. Quand j'arrivai au bataillon, les hommes étaient assis avec leur fusil entre les jambes. On avait envoyé des tirailleurs contre les Prussiens, mais on aurait dit que toute l'artillerie de ces gueux-là tirait sur nous, tant nous perdions de monde.

Le gros général était devant le premier rang, debout ; il regardait avec sa lunette. Ça faisait vraiment plaisir de le voir aussi tranquille que ça.

C'est à ce moment que je vis une chose terrible, que je n'oublierai jamais.

Le régiment qui était à notre droite avait perdu presque tout son monde. On le voyait, à travers la fumée, se remuer à chaque instant pour serrer les rangs, mais on sentait bien qu'il ne pourrait bientôt plus tenir, lorsque tout à coup la terre trembla ; je vis comme des éclairs qui brillaient à travers la poussière, j'entendis un bruit de fer qui heurtait du fer, de chevaux qui hennissaient, d'hommes qui criaient, et une masse de cavalerie passa, rapide comme un boulet, devant mes yeux.

Cette fois la poussière soulevée par toute cette cavalerie fut si épaisse qu'on ne voyait plus son voisin. Enfin, quand elle commença à tomber, nous pûmes voir le champ couvert de chevaux, de casques, d'hommes qui se tordaient dans leurs cuirasses et de cavaliers affolés qui couraient de tous les côtés. C'était épouvantable. En une minute, tous ces beaux régiments que j'avais admirés la veille venaient d'être anéantis.

Je ne peux pas vous dire la rage qui me brûlait en ce moment : je pleurais comme un enfant.

Tout à coup, j'entendis une voix claire qui criait :

— Général, vous allez faire replier votre brigade sur ce bois qui est derrière nous, à côté de la route, et vous tiendrez là jusqu'à ce que l'artillerie ait gagné Reichshoffen.

— Oui, monsieur le maréchal, répondit le général en saluant.

Je retournai la tête et je vis, calme sur son cheval noir, un homme tout blanc, mais droit comme un jeune homme. Les broderies de sa casquette et de sa tunique brillaient au soleil; une dizaine de généraux ou d'officiers d'état-major étaient derrière lui.

— Vive le duc de Magenta! cria le caporal Brun en agitant sa casquette.

Le maréchal sourit tristement.

— Ce qu'il faut crier, mes enfants, dit-il, c'est vive la France! Et, mettant son cheval en marche, il continua sa route, au pas, au milieu d'un feu épouvantable.

V

LA RETRAITE.

Ceux qui n'ont pas vu une retraite quand il ne reste plus aucune troupe fraîche pour la soutenir n'auront jamais une idée de la confusion, du désordre et des choses horribles qu'on y trouve à chaque pas.

Quand tous les régiments se sont battus depuis le matin jusqu'au soir, qu'ils ont perdu la moitié ou les trois quarts de leur monde, presque tous leurs officiers, et qu'ils sont poussés par des ennemis qui viennent d'arriver sur le champ de bataille, beaucoup de soldats, qui ont jusque-là fait bravement leur devoir, perdent la tête : ils voient derrière eux des gens qui se sauvent, à leurs pieds des malheureux qui se roulent en poussant des cris déchirants, la mitraille gronde et siffle à leurs oreilles, puis l'ennemi gagne du terrain, ils le voient devant, à droite, à gauche... Ils ont peur d'être entourés; les moins braves lâchent pied, les autres les suivent.

C'est du moins ce qui nous arriva ce jour-là;

aussi j'ai souvent pensé qu'on avait eu tort de se battre si longtemps à Frœschwiller. On voyait bien que les Prussiens étaient au moins trois fois plus nombreux que nous, qu'il en arrivait toujours et que nous finirions par être battus. A quoi alors ça pouvait-il servir de se faire écraser jusqu'au dernier, quand on avait derrière soi des montagnes si commodes pour se défendre en battant en retraite ?

Je vous dis ces choses-là comme je les pense, et je vous ferai peut-être encore des réflexions sur bien des choses qui m'ont étonné dans cette campagne. Mais je ne suis qu'un simple soldat ; je ne peux pas connaître les raisons que nos généraux avaient pour faire ce qu'ils ont fait, et je ne voudrais pas vous faire croire que je pense en savoir plus qu'eux, qui ont étudié les choses de la guerre.

Enfin, puisque je parle de ces affaires-là, je veux vous dire tout de suite que je n'ai jamais pu comprendre pourquoi le général Douay s'était trouvé si loin de nous le jour de Wissembourg, où nous n'avions pas pu l'aider à se défendre ; et encore pourquoi nous étions si loin du reste de l'armée quand les Prussiens vinrent nous attaquer à Frœschwiller.

En n'étant jamais qu'un contre quatre ou cinq, il fallait bien toujours finir par être battus.

Quand le maréchal Mac-Mahon eut disparu derrière les arbres de la route de Frœschwiller, le général donna l'ordre de gagner le bois et de s'arrêter sur la lisière.

— Debout le 1ᵉʳ bataillon, cria une voix claire qui me fit passer un frisson dans tout le corps.

C'était celle du commandant, que j'avais vu, comme vous savez, rouler à côté de moi dans le champ. Il était pâle, couvert de terre, sa tunique était toute déchirée sur la poitrine. On voyait le coton de la rembourrure qui sortait.

Je crus voir un revenant.

Tous ceux qui pouvaient encore marcher se levèrent, et je pus voir alors combien nous avions perdu de monde. Nous n'étions pas plus de 300 hommes dans le bataillon, qui, le matin, en avait au moins six cents. Derrière nous, on apercevait une longue traînée de cadavres ; c'étaient les malheureux que nous avions semés dans notre marche à travers ce maudit champ de pommes de terre.

La marche en avant avait été terrible, mais le retour fut épouvantable. On aurait dit que toute l'artillerie prussienne envoyait des obus sur nous. Les hommes tombaient comme l'herbe quand on fauche les prairies. Jamais je n'aurais cru qu'on pouvait tuer tant de monde en si peu de temps.

— Oh ! quelle horrible chose que la guerre ! Il faudrait que ceux qui font les lois dans une nation pussent voir les choses comme je les ai vues, car ils comprendraient alors que, si le pays est jamais forcé de se battre contre l'étranger pour défendre ses intérêts ou son honneur, tout le monde doit être là. Rien, non, rien au monde ne peut payer l'horreur d'un pareil spectacle.

Enfin nous arrivâmes au bois.

Je ne sais plus combien nous étions encore, mais le champ que nous venions de traverser était tout rouge.

— Halte! halte! criait le commandant. Cachez-vous derrière les arbres et tirez dans la masse.

Je m'étais mis à genoux, j'avais versé mes artouches par terre, je tirais sans viser, presque sans voir. J'étais fou.....

Enfin une main se posa sur mon épaule. C'était celle du commandant.

— Viens, mon enfant, me dit-il. Nous ne sommes plus qu'une vingtaine; les autres se sont sauvés. Ceux qui restent, comme toi, sont de braves gens; ils ont fait tout ce qu'ils pouvaient pour leur pays et ils auront leur revanche... Allons, sergent Deligny, en route, à Reichshoffen.

Une nuée de Prussiens arrivait de tous les côtés; ils étaient presque sur nous. Nous nous enfonçâmes dans le bois qui descendait du côté de la petite rivière qui traverse Reichshoffen, et qu'on appelle la Sauerbach, et bientôt nous arrivâmes dans la vallée.

Ce qu'on voyait était affreux. De tous côtés, des canons, des chevaux, des hommes descendaient en désordre vers le village. Tous les corps étaient confondus, dispersés, et on apercevait, à l'entrée de Reischshoffen, une masse énorme de monde qui grossissait à chaque instant.

Enfin nous arrivâmes près de cette masse et nous comprimes alors ce qui l'arrêtait.

C'était un petit pont en pierres, sur lequel nous avions passé bien souvent avant la bataille. C'était le seul qui traversait la rivière en cet endroit, et, comme la Sauerbach, qui n'a guère que trois mètres de large, est très-profonde, tout le monde voulait passer sur le pont.

On criait, on se bousculait, on renversait les voitures, les chevaux ruaient, hennissaient, tiraient leurs canons ou leurs mitrailleuses ; et, pendant tout ce temps, une batterie prussienne, qui venait de s'installer au-dessus du village, tirait, sans s'arrêter, dans la masse.

Je voyais bien que nous ne passerions jamais sur le pont; cette fois j'avais peur.

Enfin le sergent Deligny, qui sondait la rivière

avec son fusil, appela le commandant. Il avait trouvé un endroit où on pouvait traverser en n'ayant de l'eau que jusqu'aux épaules. Nous le suivîmes et bien d'autres après nous.

Un cuirassier était étendu par terre, de l'autre côté de l'eau ; il criait d'une voix éteinte :

— Emportez-moi, mes amis ; j'ai une balle dans le ventre... je ne peux plus marcher... emportez-moi ; vous ne voudrez pas me laisser mourir ici...

Je verrai toute ma vie la figure pâle de ce malheureux.

Nous passâmes sans lui répondre.

En ce moment, les Prussiens tiraient tant qu'ils pouvaient sur le village. Nous voulûmes nous glisser dans les rues ; mais c'était encore pis qu'à côté du pont. Il y avait tant de monde, de chevaux, de caissons, de canons, de mitrailleuses, que tout restait immobile.

Nous suivîmes alors à travers champs. Nous voyions, au-dessous de nous, la route toute noire de monde ; un bruit immense de cris, de malédictions, de roues de canons, de gémissements, de coups de fouet montait jusqu'à nous... Enfin nous arrivâmes à Niederbronn.

J'ai oublié de vous dire qu'un moment avant de traverser la route de Frœschwiller pour arrêter les

Prussiens et d'entrer dans ce champ de pommes de terre où le 132ᵉ avait laissé tant de monde, on nous avait fait poser nos sacs.

Ça fait toujours plaisir au soldat quand on lui commande *sac à terre*, parce que le sac est si lourd, ses courroies vous fatiguent tant les épaules, enfin il vous donne si chaud dans le dos, qu'aussitôt qu'on en est débarrassé, on se sent deux fois plus fort.

Mais, en revenant vers le bois, nous n'avons plus pensé à ces sacs, qui contenaient notre linge, nos petites tentes, nos marmites, nos derniers biscuits, enfin toute notre petite fortune, et il ne nous restait plus rien.

Nous mourions de faim et de fatigue quand nous entrâmes à Niederbronn. Nous voulûmes tâcher d'acheter un morceau de pain et un verre de vin ; mais toutes les maisons étaient fermées, les rues étaient pleines de gens qui se bousculaient pour passer, comme à Reichshoffen ; il fallut y renoncer.

Je suivais toujours le sergent Deligny. Il me fit traverser la voie du chemin de fer, puis il prit un petit chemin qui montait à travers les champs, et bientôt nous nous trouvâmes sur l'emplacement du camp que nous avions quitté deux jours auparavant.

Jugez de notre joie quand nous aperçûmes, au milieu des arbres, notre colonel qui faisait former en colonne les hommes du régiment à mesure qu'ils arrivaient. Tous ceux du 132⁰ qui avaient réchappé avaient eu la même idée que le sergent Deligny; ils s'étaient rendus à notre ancien camp de Niederbronn.

J'avais tant de plaisir de voir quelqu'un de mon pauvre 132⁰, que je ne pouvais m'empêcher de pleurer.

Cependant la nuit approchait. On nous fit former par compagnie, et c'était bien triste de voir ces petits pelotons de trente ou quarante hommes, quand le matin nous en avions plus de cent. Chez nous, tous les officiers étaient restés dans le champ de pommes de terre. C'était le sergent Deligny qui commandait. Le caporal Brun avait été tué dans le bois.

Quand on se fut un peu reposé, le colonel fit faire par le flanc droit, et nous prîmes la route de Saverne. Quand je dis la route, je me trompe, car elle était couverte de canons, de voitures, d'hommes débandés, et nous fûmes forcés de marcher sur les côtés, dans les champs.

Les choses allèrent comme cela pendant quatre ou cinq heures. La fatigue et la faim nous épuisaient; d'heure en heure, on faisait une petite pause de cinq minutes, pendant laquelle on cherchait inutilement dans les fossés quelques gouttes d'eau pour apaiser sa soif; puis le clairon sonnait la marche du régiment, et on se remettait à marcher.

Enfin, à une de ces haltes, j'entendis un grand tapage devant nous. Mon gosier brûlait, je n'avais pas bu depuis le passage de la Sauerbach. Je courus à l'endroit d'où partait le bruit. C'était un ruisseau qui traversait la route!

Tout le monde se bousculait pour avoir de l'eau; les hommes se battaient, les chevaux entraînaient leurs cavaliers et entraient dans le ruisseau jusqu'au ventre.

Je réussis pourtant à atteindre le bord et je bus, je bus; je croyais que je ne m'arrêterais jamais. Puis je remplis mon bidon et je retournai à ma place.

Il faisait nuit comme dans un four. Je cherchais en tâtonnant où pouvait se trouver ma compagnie, lorsque j'entendis un gémissement près de moi. Je me penchai et je reconnus le sergent Deligny, qui était étendu par terre.

— A boire, à boire, murmurait-il d'une voix éteinte. Je décrochai mon bidon et je l'approchai de ses lèvres. Il le but presque en entier, puis il se souleva sur son coude.

— Merci, dit-il, vous m'avez sauvé la vie. J'ai voulu aller jusqu'au ruisseau, je n'ai pas pu. J'ai perdu trop de sang. Je serais mort ici.

— Vous êtes donc blessé, sergent? lui demandai-je.

— Oui, c'est une balle qui m'a écorché la cuisse. Ce n'est rien, mais ça donne soif, vous savez, les blessures. Maintenant que j'ai bu, ça va bien. Aidez-moi à me lever, le clairon sonne la marche du régiment.

Quand il fut debout, le sergent essaya quelques pas en boitant.

— Ça ira, dit-il. Fusilier Artaud, vous m'avez donné à boire; avez-vous mangé?

— Non, sergent, et j'ai bien faim.

— Eh bien, tenez; prenez la moitié de ce biscuit. Je l'avais mis par précaution dans ma poche avant de poser mon sac, et je le gardais pour la dernière extrémité.

Vivrais-je cent ans, je n'oublierais jamais le service que me rendit, dans cette occasion, le sergent Deligny. L'eau m'avait fait du bien pour un moment, mais je sentais déjà la faim qui me tordait le ventre; je n'avais plus de forces et j'aurais bientôt été forcé de m'arrêter.

Je dévorai donc la moitié de biscuit que le serent venait de me donner, et je me sentis un peu plus solide sur mes jambes.

Malheureusement une nouvelle souffrance, sur laquelle je n'avais pas compté, vint se joindre à toutes les autres.

C'est le sommeil.

Je ne peux pas vous dire ce qui se passa à partir de ce moment, et il n'y a que ceux qui ont été forcés de marcher quand le besoin de dormir les tourmentait qui pourront comprendre ce que j'éprouvais.

J'essayais de lutter; je me pinçais les bras ou les jambes, je tâchais de penser aux choses terribles que j'avais vues dans la bataille, j'écarquillais les yeux pour me réveiller. Rien n'y faisait. J'allais en trébuchant sur la route, où fort heureusement on avait fini par nous faire passer; je donnais de la tête contre l'homme qui marchait devant moi; je tombais même quelquefois en me heurtant aux cailloux. Je dormais toujours.

La lune s'était levée. Quand j'ouvrais les yeux, il me semblait voir des bandes de soldats qui se couchaient sur les côtés de la chaussée pour dormir à leur aise, et bien souvent je pensais à faire comme eux, car je souffrais trop, lorsque la voix du sergent Deligny, qui marchait toujours en boîtant, nous criait:

— Allons, la deuxième, du courage. Encore une pause et nous pourrons dormir.

Je continuais. Le bruit monotone des *quarts* en fer-blanc qui heurtaient les poignées de sabre recommençait; mes yeux se brouillaient, mes jambes pliaient, et j'étais tout étonné de me voir encore debout un moment après.

Ça dura jusqu'au jour. Je n'en pouvais plus; enfin on s'arrêta dans une prairie où on nous donna une heure pour dormir.

Il faisait froid; l'herbe était toute trempée de rosée; mais je vous assure que personne ne songea à se plaindre de son lit.

Le clairon nous réveilla. Mes pieds, gonflés, saignaient; mes jambes s'étaient roidies. Il fallut marcher encore, marcher toujours.

Enfin il était près de midi quand nous arrivâmes à Saverne.

Excepté l'heure de sommeil qu'on nous avait accordée, nous nous étions battus ou nous avions marché pendant trente heures.

Tout ce que nous pûmes trouver à Saverne fut un morceau de pain, et encore ce n'était pas facile.

La cavalerie, l'artillerie et ceux qui étaient arrivés avant nous avaient tout pris; quant à l'administration, on disait à chaque instant qu'elle allait distribuer de la viande, mais ça n'arrivait jamais.

Je dormis presque toute la journée sous un arbre. Puis vers six heures du soir, nous entendîmes des coups de fusil du côté de Niederbronn, et on se remit en marche.

Je me rappelle une chose qui ce soir-là me fit bien de la peine.

La nuit approchait ; nous venions de sortir d'un tunnel, sous lequel nous avions marché près d'une heure sans y voir, et nous prenions une route qui suit le bas de la montagne, lorsque tout à coup j'aperçus cinq ou six charrettes qui sortaient d'un petit village.

Ces charrettes étaient chargées de linge et de meubles ; des femmes, qui tenaient leurs petits enfants dans leurs bras, étaient assises dessus. Elles pleuraient, pendant que leurs maris, la figure pâle, la tête baissée, conduisaient les chevaux par la bride. Ça fendait le cœur.

Je pensai alors à mon père, à mes sœurs, à Catherine, qui peut-être seraient aussi bientôt forcés de quitter leur maison sans savoir où aller. Je vis les Prussiens pillant et insultant tous ceux qui restaient dans notre village. La colère, le chagrin, la haine me firent bouillir le sang dans la tête, et puis tout à coup je me mis à pleurer.

On marcha encore toute la nuit, mais je n'eus pas envie de dormir. J'avais toujours devant les yeux ces charrettes et les malheureux qui fuyaient pour tâcher de sauver leur petite fortune.

Je maudissais la guerre, qui, partout où elle passe, ne laisse derrière elle que la mort, l'incendie, la ruine. Je me disais qu'il était vraiment épouvantable de penser que des nations qui ne parlent jamais que de civilisation et de progrès pouvaient en venir à se jeter les unes sur les autres, comme des sauvages, pour se voler quelques lieues de pays; j'accusais les rois, les empereurs, les princes de tous ces malheurs, et je les haïssais comme des bêtes féroces que les hommes devraient détruire......

Puis la réflexion me venait. Je me rappelais que l'ambition était dans le cœur de tous les hommes, que tout le monde ne pensait qu'à s'enrichir; que, quand deux paysans avaient des terres qui se touchaient, il était bien rare de ne pas les voir se disputer et se faire des procès si l'un des deux espérait pouvoir gagner quelque chose qui appartenait à l'autre; que dans les familles même, où tout le monde devrait s'aimer, il y avait toujours des gens qui cherchaient à prendre, malgré les lois, la part d'héritage de leurs parents; enfin que l'intérêt pousserait bien souvent les frères à se battre jusqu'à la mort, si la peur des gendarmes ne les retenait. Alors je me disais : non, la guerre ne vient pas seulement des princes ; elle vient aussi des nations, parce que les hommes sont mauvais. Si une nation est près de la mer et qu'elle ne puisse transporter ses marchandises, parce que la côte appartient à un autre peuple, elle cherchera à voler cette côte, et pour cela elle fera la guerre si elle se croit la plus forte. Si ses terres sont pauvres, et qu'elle ait un voisin qui en ait de riches, comme les nôtres, elle fera encore la guerre pour les prendre. Enfin la guerre existera toujours, tant que les hommes ne seront pas tous riches et heureux, ce qui ne peut jamais arriver.

Eh bien alors, puisque la guerre est partout, depuis la famille jusque chez les nations, pourquoi ne pas prendre toutes les précautions pour être toujours le plus fort ?

Nous sommes riches, nous autres Français. Nous disons que nous ne voulons rien prendre aux autres; et, si cela est vrai, nous n'avons pas beaucoup de mérite; car nous avons des terres fertiles, des bois, des fleuves, des ports ; enfin tout ce qu'il faut à une nation. Mais les autres ne sont pas tous aussi heureux que nous ! ils envient notre héritage, et nous sommes des fous si nous ne nous arrangeons pas de manière à ce qu'ils aient peur de nous attaquer.

Nous avons bien les gendarmes contre les voleurs qui sont chez nous; il en faut contre les voleurs qui sont sur nos frontières : et, dans ce cas-là, ce n'est pas trop de tout le monde pour les arrêter.

Oh, oui ! répétais-je souvent, le capitaine Martin a raison. Un peuple qui ne comprend pas que le service militaire est le premier des devoirs pour tous les citoyens; qui, sous prétexte d'économies, conserve une armée insignifiante et parle même de la supprimer quand, à sa porte, un million d'hommes se vantent de lui enlever deux provinces, ce peuple est fou ; il est comme un banquier qui abandonnerait sa caisse ouverte au milieu de la grand'route, en donnant pour raison que tout le monde doit être content de son sort, et qu'il ne doit plus y avoir de voleurs.

Je ne vous raconterai pas notre retraite jour par jour, parce que cela ne vous intéresserait pas beaucoup. Je vous dirai seulement que nous nous retirâmes à Neufchâteau, en passant par Sarrebourg et Lunéville, et qu'à partir de Sarrebourg, nous ne fîmes plus de marches de nuit.

Cependant il faut que je vous dise dans quel état nous étions tombés avec ces marches continuelles qui suivaient une défaite. Ça faisait vraiment de la peine.

Dès les premiers jours, les plus mauvais soldats

des régiments avaient pris pour habitude de ne plus marcher avec leurs corps. Ils donnaient comme raisons la fatigue et la faim, ce qui était malheureusement vrai trop souvent, et ils s'en allaient par bandes, dans les villages voisins de la route, mendiant, prenant de force quand on ne voulait rien leur donner... enfin se conduisant comme des gens sans cœur, qui ne respectent même pas leur uniforme.

Ces bandes de maraudeurs augmentaient tous les jours ; ils poussaient même l'insolence jusqu'à traverser nos rangs, sur la route, riant quand les officiers voulaient leur faire entendre raison, ce qui donnait un très-mauvais exemple aux autres. Beaucoup n'avaient plus de fusils ; des fantassins avaient des coiffures de cavaliers ; d'autres étaient montés sur des chevaux qu'ils avaient trouvés libres ; des zouaves portaient des capotes de la ligne, des turcos avaient pris des pantalons rouges ; enfin c'était comme un carnaval.

Pendant quelques jours, le commandant essaya de faire entendre raison à tous ces gens, qui venaient se mêler à nous quand nous approchions des villages ; mais voyant que rien n'y faisait, qu'au contraire le mauvais exemple entraînait les jeunes soldats qui avaient bien marché jusque-là, il fit placer derrière le bataillon dix vieux soldats solides, avec chacun un bâton à la main, et il leur donna l'ordre de chasser dans les champs tous les traînards qui voudraient passer au milieu du bataillon.

Le jour où le commandant eut cette idée, nous nous amusâmes beaucoup.

A chaque pause, il arrivait des traînards de tous les corps, qui voulaient passer. Les dix hommes les arrêtaient; alors les traînards nous disaient des injures, ils voulaient forcer la consigne; mais tout à coup les bâtons entraient en danse, et tous ces mauvais drôles se sauvaient dans les champs, où ils enfonçaient dans la boue jusqu'au mollet.

Le moyen du commandant n'était pas mauvais, mais je crois qu'il y en avait un meilleur, auquel les généraux n'avaient pas l'air de penser. C'était de faire donner à manger à tout le monde.

Vous ne croirez peut-être pas ce que je vais vous dire, et pourtant c'est la vérité. Nous étions en France, dans des pays tout à fait riches; on savait bien la veille où nous irions coucher le lendemain. Eh bien, les trois quarts du temps nous ne trouvions même pas ce qu'il fallait pour faire la soupe.

Ça mettait tout le monde en colère, et, ma foi, ceux qui n'étaient pas tout à fait de bons soldats disaient :

— Puisqu'on ne s'occupe pas de nous, nous nous en occuperons nous-mêmes.

Plus tard, à Reims, nous avons bien ri quand nous avons vu qu'on donnait des croix aux officiers de l'administration.

Enfin à Neufchâteau, on nous embarqua en chemin de fer et on nous conduisit au camp de Châlons, pour nous réorganiser.

VI

L'ARMÉE DU CAMP DE CHALONS.

C'est un triste pays que celui au milieu duquel se trouve le camp de Châlons. On n'y voit qu'une terre blanche que le vent émiette en poussière et vous jette dans les yeux; le froment et le seigle ne viennent pas plus haut qu'un pied et sont si maigres qu'on se demande si le laboureur récoltera sa semence; enfin, de distance en distance, on aperçoit de petits carrés de sapins, bas, chétifs, qui vivent là comme par miracle.

Ah! quelle différence entre ce pays-là et celui qui entoure Frœschwiller et Niederbronn! Je suis bien sûr que si l'Alsace et la Lorraine avaient ressemblé aux environs du camp de Châlons, jamais les Prussiens n'auraient pensé à nous les prendre.

On nous fit pourtant camper près d'un petit ruisseau qu'on appelle la Vesle, où l'on voit quelques arbres, ce qui repose un peu les yeux, et on s'occupa de nous donner des sacs, des toiles de tente, des cartouches, enfin tout ce que nous avions perdu ou épuisé.

Dès le lendemain, il nous arriva aussi des hommes pour remplir les vides que la bataille avait faits dans nos compagnies. Quelques-uns étaient d'anciens soldats qui avaient fini leur temps de service et qu'on rappelait rien que parce qu'ils connaissaient le métier; aussi ils n'étaient guère contents.

Ils disaient que c'était injuste; qu'ils avaient payé leur dette au pays, puisqu'ils avaient servi sept ans sans se plaindre, pendant que ceux qui avaient tiré un bon numéro ou qui avaient acheté un remplaçant restaient encore tranquillement chez eux; que c'étaient toujours les mêmes qu'on envoyait se faire tuer pour les autres. Enfin beaucoup de ces hommes criaient tout haut que, puisqu'on les traitait comme des esclaves, dont le sang et la jeunesse doivent être toujours employées à défendre les riches, ils ne se battraient pas et lèveraient la crosse en l'air aussitôt qu'ils verraient les Prussiens.

On doit penser si ces paroles faisaient mauvais effet dans nos compagnies, où tout le monde se plaignait déjà, parce qu'on se plaint toujours quand on souffre et qu'on a été malheureux.

Moi, je sentais la colère me monter à la tête toutes les fois que j'entendais un homme dire qu'il ne se battrait pas. J'étais toujours prêt à lui dire qu'il était un mauvais Français, un lâche; mais je songeais que c'était la colère qui faisait dire ces mauvaises choses ; qu'au premier coup de fusil on les oublierait bien vite pour faire son devoir, et qu'au fond, si tous ces gens-là se plaignaient de marcher toujours, ils avaient raison puisqu'il y en avait d'autres qui ne marchaient jamais.

Pourtant, à compter ce moment, je vis bien que l'armée qu'on formait au camp de Châlons ne vaudrait jamais celle que nous avions à Frœschwiller, car la discipline s'en allait tous les jours, et, sans discipline, une armée ne peut rien valoir.

Le surlendemain de notre arrivée au camp, le vaguemestre me remit une lettre de mon père. Elle était datée du 25 juillet, c'est-à-dire de quelques jours après la déclaration de guerre, et, quoiqu'elle fût déjà vieille de près d'un mois, elle me fit bien plaisir.

J'allai m'asseoir au bord du ruisseau, sous un arbre, pour la lire à mon aise.

Mon père me disait que tout le monde se portait bien chez nous, que la nouvelle que j'allais me battre contre les Prussiens avait fait beaucoup de peine à tout le monde, que Madeleine, petite Rose et Catherine ne faisaient que pleurer en pensant à moi ; mais qu'on espérait toujours me voir revenir quand la guerre serait finie et après que je me serais conduit comme un brave soldat.

Il me racontait que Catherine avait été demandée en mariage par le fils de Mathieu le gros richard, celui dont je vous ai déjà parlé, qui faisait tant le brave, avec des épaulettes rouges et un sabre, le jour du tirage au sort, et qui s'était fait remplacer ; mais que Catherine avait été prévenir le capitaine Martin ; qu'une grande dispute avait eu lieu chez le père Bourlon, qui ne voulait déjà plus tenir sa promesse, et qu'enfin le capitaine avait réussi à faire refuser le fils Mathieu.

Je ne pus m'empêcher de pleurer en pensant à toutes les bontés du brave capitaine Martin, et je me jurai encore une fois de faire tout ce que je pourrais pour lui prouver ma reconnaissance. Puis je tournai la dernière page.

Il y avait en haut quelques mots de ma sœur Madeleine ; un gros : « Je t'aime, bon frère André, » de petite Rose, et une fleur que m'envoyait Catherine. Enfin au-dessous, le capitaine Martin avait écrit :

« Fais ton devoir, André, et sois tranquille. S'il arrivait un malheur à toi ou à ton père, je suis là. Tes sœurs ne manqueront jamais de rien. »

Pendant que je relisais cette chère lettre, où tous ceux que j'aimais avaient voulu me donner un souvenir, j'entendis de grands cris dans le camp et je vis tout le monde qui courait devant les faisceaux.

On criait : Vive l'empereur ! vive l'empereur ! vive le prince impérial !

Je m'approchai aussi vite que je pus, et tout à coup j'aperçus une troupe de cavaliers tout chamarrés d'or, qui s'avançaient au pas.

En tête était un gros homme voûté, avec des épaulettes de général et le grand cordon de la Légion d'honneur. Il avait des moustaches blondes relevées avec de la cire, des cheveux plats qui dépassaient sa casquette d'uniforme, et des yeux sans couleur, qui avaient l'air de ne rien voir.

A côté de lui, monté sur un petit cheval noir, était un enfant d'une douzaine d'années, tout pâle et tout maigre, avec une tunique et un crachat.

— Vive l'empereur ! vive le prince impérial ! crièrent les hommes à côté de moi.

Le gros homme et l'enfant tirèrent leur casquette en passant. Puis arrivèrent des généraux, des écuyers et enfin des cavaliers superbes, avec des cuirasses, des épaulettes dorées et de grands casques à crinières noires. On me dit que c'étaient les cent-gardes.

Quand il ne resta plus devant nous que le nuage de poussière qu'avaient soulevé les pieds des chevaux, j'entendis un Parisien, qui était arrivé la veille à la compagnie et que j'avais remarqué parce qu'il se plaignait plus que les autres, dire en riant :

— Il n'a pas l'air gai aujourd'hui, Badinguet. Il aura reçu des nouvelles de Paris et il sait que l'air du boulevard ne vaut rien pour sa santé...

— De qui voulez-vous parler avec votre Badinguet? dit, d'une voix furieuse, un vieux soldat qui avait trois chevrons.

— Je parle de votre empereur, mon vieux, répondit le Parisien en se moquant, de cette canaille qui vient de passer là avec son môme et qu'on flanquera bientôt à la porte; je ne vous dis que ça.

— Eh bien, dit le vieux soldat en se plaçant en face de l'autre, moi je te dis une chose, c'est que tu es un mauvais drôle, un capon, que tu ne parles depuis hier que de lever la crosse en l'air, qu'aujourd'hui tu insultes l'empereur, et que, si tu ne te tais pas, je vais te fermer la bouche à coups de poing.

— De quoi, de quoi!... Crois-tu qu'une vieille bête comme toi me forcera à me battre pour Badinguet? A ton aise, mon vieux. Va te faire crever la peau si le cœur t'en dit. Quant à moi...

Il n'avait pas fini qu'un coup de poing envoyait rouler sa casquette par terre.

— Ah c'est comme ça, criait-il, attends, attends, vieux croûton, vieille brisque.

Mais les coups pleuvaient sur lui comme la grêle, et bientôt il finit par se sauver au milieu des huées et des éclats de rire.

Dans la soirée, on nous donna des cartouches, un sac pour deux hommes, parce qu'il paraît qu'on n'en avait pas en magasin pour tout le monde. Chacun eut heureusement une petite toile de tente, ce qui nous fit grand plaisir, car depuis Frœschwiller nous couchions en plein air; enfin ceux qui avaient leurs souliers trop usés purent en avoir une paire de neufs.

Le lendemain nous quittâmes le camp et nous allâmes camper à côté de Reims.

On disait que l'armée avait reçu beaucoup de renforts, que nous étions plus de cent mille hommes, que le maréchal Mac-Mahon allait nous conduire à Metz, où Bazaine avait déjà battu les Prussiens, et qu'alors nous repousserions bien vite tous les ennemis en Allemagne. Enfin, malgré les conversations des nouveaux arrivés, nous reprenions de l'espoir, et, quand j'écrivis à mon père et au capitaine Martin, je leur dis que je leur annoncerais bientôt une victoire.

Nous restâmes deux jours dans les environs de Reims, puis on nous fit revenir sur nos pas, et, après avoir passé par Blénicourt et Attigny, nous arrivâmes dans des montagnes qu'on appelle l'Argonne.

Le temps était bien mauvais pour un mois d'août ; il pleuvait presque tous les jours, et on n'était pas trop heureux, parce qu'on nous faisait toujours camper dans des champs pleins de boue et qu'on nous défendait de toucher aux meules de paille que nous avions à côté de nous.

Pourtant on était si mal pour dormir dans la boue que beaucoup d'hommes, qui, les premiers jours, avaient cru que l'administration leur distribuerait de la paille, finirent par se mettre en colère en voyant qu'on ne s'occupait pas d'eux, et ils pillèrent les meules.

Le premier jour, le général, qui couchait dans un village, vint au camp parce que les paysans s'étaient plaints. Il se mit en colère contre le colonel, défendit de nouveau de toucher à la paille, en disant que les hommes qui en prendraient passeraient au conseil de guerre ; mais rien n'y fit, on continua à piller les meules, et, quand on eut commencé pour la paille, il y a bien des hommes qui ne se gênèrent plus pour le reste.

Pourquoi aussi voulait-on nous refuser ce qui était nécessaire ? Quand on couche dans l'eau, on a vite la fièvre et la dyssenterie, surtout quand avec cela on fatigue beaucoup et qu'on est mal nourri. N'aurait-il pas mieux valu acheter ces meules aux paysans et nous les distribuer quand il pleuvait? On n'aurait pas forcé tout le monde à piller. Tandis que personne ne se gênait plus et que les officiers, ne pouvant plus l'empêcher, étaient obligés de faire semblant de ne rien voir.

En arrivant dans l'Argonne, nous vîmes bien que les Prussiens n'étaient pas loin et que nous aurions bientôt une grande bataille.

Un matin, nous attendions sous la pluie que la route, où il passait toujours du monde, fût libre, pour aller coucher à un endroit qu'on appelle le Chêne-Populeux, lorsque nous entendîmes, sur le côté droit, des coups de fusil.

Nous ne pouvions voir ce que c'était; mais une heure après, au moment où nous mettions sac au dos, un régiment de cavalerie passa près de nous, et un homme, qui s'était arrêté pour allumer sa pipe, nous dit que c'était son régiment qui venait de tirailler avec des hulans.

Je n'ai jamais fait une marche plus ennuyeuse que ce jour-là. Il y avait tant de voitures en avant de nous, sur la route, qu'à chaque pas on était obligé de s'arrêter et d'attendre que les chevaux eussent avancé. Enfin les choses allèrent si mal, que nous ne pûmes jamais arriver au Chêne-Populeux, et qu'à

onze heures du soir, n'en pouvant plus, nous nous
couchâmes dans une prairie, sur le bord de la route.

Il pleuvait encore le lendemain quand on se remit
en marche. Il nous fallut traverser toutes les voitures que nous avions eues devant nous la veille ;
aussi je croyais que nous n'arriverions jamais au
bout. C'était des voitures d'ambulances avec leurs
drapeaux blancs à croix rouge, des charrettes de l'administration, qui portaient des caisses de biscuit, des
pains tout écrasés par la pluie et des barriques (je
ne sais pas trop ce qu'il pouvait y avoir dans ces
barriques, car on ne nous donnait jamais de vin ni
d'eau-de-vie), des fourgons d'artillerie, des voitures
à bagages pour les officiers; enfin ça n'en finissait
jamais.

Pourtant, à quatre heures du soir, nous en sortîmes et nous marchâmes plus à notre aise. Nous
pûmes voir alors, sur notre droite, de petites fumées
blanches qui paraissaient à chaque instant sur le ciel
bleu, puis qui fondaient. C'était des obus qui
éclataient. On se battait donc, mais loin de nous,
car on n'entendait pas le bruit du canon.

Après avoir passé le Chêne-Populeux, la route
descend la montagne. Quand nous fûmes arrivés
dans la vallée, nous rencontrâmes des régiments de
marche, qui étaient formés en colonnes serrées dans

les environs de la route, des batteries de canons et de mitrailleuses, un bataillon de francs-tireurs parisiens, enfin il y avait beaucoup de monde, et on voyait bien que, si les Prussiens n'étaient pas loin, nous nous préparions à les recevoir comme il faut.

Nous fîmes une pause près du bataillon des francs-tireurs parisiens, et nous nous amusâmes à les regarder.

C'était tous d'anciens soldats ; beaucoup même étaient des hommes à cheveux et à barbe gris. Ils étaient habillés de noir, dans le genre de nos chasseurs ; leur arme était une lourde carabine, qui ressemblait un peu aux fusils qu'on a plus tard donnés aux gardes nationaux [1], enfin ils avaient un petit drapeau par compagnie, et presque tous ces drapeaux étaient des caricatures où on voyait l'Empereur qui faisait un pied de nez aux Prussiens, ou des farces du même genre.

Le clairon sonna pendant que nous regardions ces petits drapeaux qui nous faisaient rire ; nous nous remîmes en marche, et, quelque temps après, nous entrâmes dans un village.

Les tambours battaient, les clairons sonnaient, ce qu'on ne faisait plus depuis longtemps, enfin nous

[1] La carabine des chasseurs transformée en arme à tabatière.

entendions des cris de Vive l'empereur ! lorsqu'en passant devant une maison qui était à notre droite, je vis une douzaine de généraux qui étaient debout et nous regardaient défiler.

Au milieu d'eux étaient l'empereur et le maréchal Mac-Mahon ; je les reconnus très-bien.

Je criai : Vive l'empereur ! de toutes mes forces et je ne vis plus rien, car nous marchions vite et nous avions dépassé la maison.

Le lendemain nous nous attendions tous à une bataille. Nous avions quitté de bonne heure notre camp près de Raucourt. Le temps était très-beau, et nous aurions été très-gais si nous avions pu manger la soupe ; malheureusement, on nous avait toujours promis de la viande, mais elle n'était jamais arrivée, et il avait fallu se contenter de biscuits.

A deux heures, nous étions arrivés dans un village qu'on appelle Rémilly. On nous y avait arrêtés dans les rues pour laisser passer tous les régiments qui étaient derrière nous : les zouaves, les turcos, la ligne, enfin tant de monde que les hommes du village qui causaient avec nous étaient tout contents et disaient que, cette fois, nous battrions pour sûr les Prussiens.

Ces villageois étaient de braves gens. Il voyaient bien que la bataille aurait lieu tout près, peut-être même chez eux; mais ça ne leur faisait pas peur. Ils disaient même qu'on avait tort de ne pas leur donner des fusils, parce qu'ils se battraient comme de bons Français.

Ça faisait vraiment plaisir de les entendre.

Quand les régiments qui passaient au milieu de nous étaient sortis du village, ils traversaient, sur deux mauvais ponts qu'on avait faits avec des fagots, une rivière qu'on appelle la Meuse; puis ils se reformaient en colonnes et continuaient leur marche.

Vers quatre heures, nous fîmes comme eux, mais on arrêta la brigade de l'autre côté de l'eau, pour attendre que tous les bagages fussent passés.

Ah! quelle chose ennuyeuse que toutes ces voitures et ces charrettes! Ça vous arrête des journées entières, ça vous fatigue par des à-coups continuels; et, quand on pourrait faire sept ou huit lieues dans sa journée, il arrive souvent qu'on n'en fait pas même deux. Il me semble qu'on ferait bien d'avoir le moins de bagages possible; l'armée irait plus vite sans se fatiguer autant, et tout le monde s'en trouverait bien.

Pendant que nous avions formé les faisceaux dans la prairie pour attendre que les voitures fussent passées, les femmes et les jeunes filles des environs se promenaient autour de nous pour nous voir. Alors la musique d'un régiment se mit à jouer des valses ou des quadrilles ; on forma un cercle à côté de la musique, et ceux qui n'étaient pas trop fatigués se mirent à danser avec les jeunes filles.

C'était drôle tout de même de voir des gens qui dansaient quand on savait qu'on allait se battre bientôt et même quand on apercevait, de temps en temps, dans la montagne à notre droite, la fumée de quelques obus qui éclataient.

Tout à coup, le bruit du canon fit arrêter la musique ; on sonna l'assemblée, et on envoya mon régiment, qui était en tête, à un village qu'on appelle Douzy, à un peu plus d'une demi-lieue devant nous.

Nous marchions en colonne dans la prairie, pour laisser la route aux bagages, qui n'en finissaient jamais. Le canon tonnait de plus en plus fort à droite ; on voyait même la fumée des pièces, et il était facile de comprendre, en voyant cette fumée qui, à chaque instant, se rapprochait de nous, que les Prussiens poursuivaient une partie de notre armée.

Ça nous faisait enrager de penser que des Français battaient encore en retraite devant ces maudits Prussiens ; mais notre nouveau capitaine, qui était un jeune homme, nous expliqua que les troupes qui se repliaient n'avaient pas d'autre intention que de nous rejoindre pour livrer la grande bataille, et que c'était probablement leur arrière-garde que les Prussiens cherchaient à inquiéter. Cela nous consola un peu.

Pourtant, en arrivant près de Douzy, nous venions de nous placer pour défendre un pont en pierre qui traverse une petite rivière appelée le Chiers, lorsque nous vîmes venir, sur la route qui conduisait à l'endroit où on apercevait la fumée des canons, une grande foule d'hommes en désordre, sans sacs, beaucoup sans fusils, et, au milieu d'eux, des voitures et des chevaux d'artillerie, sans leurs canons ou leurs mitrailleuses.

Les premiers qui arrivèrent près de nous nous racontèrent qu'ils appartenaient au corps d'armée du général de Failly, que le matin ils étaient campés dans un trou, près d'un village qu'on appelle Beaumont, lorsque, au moment où personne ne s'y attendait, les Prussiens étaient arrivés sur les montagnes voisines et les avaient canonnés dans leur camp.

A ce moment, les chevaux d'artillerie étaient à l'abreuvoir, beaucoup d'hommes avaient démonté leurs fusils pour les nettoyer ; de sorte que toute une division avait été obligée de se sauver sans combattre, en perdant ses bagages, ses armes, ses canons... C'était une autre division qui soutenait la retraite.

Je rentrai bien vite à mon rang pour ne plus entendre ces choses qui me faisaient trop de peine ; seulement, en passant, je m'arrêtai près du sergent Deligny pour lui demander des nouvelles de sa blessure, car il avait toujours continué à marcher, et, depuis le matin, il me semblait qu'il boîtait plus fort que d'habitude.

Le brave sergent était pâle de colère, il avait les dents serrées, et il jurait en défaisant une boîte de cartouches.

— Ma blessure, dit-il, ma blessure ! Il s'agit bien de ça pour le moment... Mille carcasses du diable ! Un général qui se laisse surprendre jusque dans son camp. Mais il est donc fou ce général-là ? ou s'il n'est pas fou, c'est un traître... Et sa cavalerie, et ses grand'gardes ; qu'est-ce qu'il f... donc de tout ça ?... Tenez, fusilier Artaud, je ne suis qu'une vieille bête ; je sais lire tout juste assez pour apprendre mes théories, enfin je ne suis qu'un sergent. Eh bien, si je m'étais laissé attraper comme ça, je n'oserais plus regarder un soldat en face, et je me brûlerais la cervelle.

La nuit était tombée, le canon avait cessé ; mais il arrivait toujours des masses de fuyards et de bagages. C'était comme après Frœschwiller.

Enfin, à onze heures du soir, on nous fit traverser le pont ; nous montâmes la grande rue du village et nous allâmes bivouaquer sur une hauteur.

On nous défendit d'allumer des feux et de dresser les tentes. On se coucha jusqu'au jour derrière les faisceaux ; et je n'ai pas besoin de vous dire qu'il fallut, encore cette fois, se contenter d'un morceau de biscuit pour souper.

VII

SEDAN.

Au jour, il faisait du brouillard. On ne voyait rien dans la direction où avait eu lieu le combat de la veille; mais sur la route de Sedan, qui était tout près de nous, on distinguait des masses de voitures. Elles étaient si pressées les unes contre les autres qu'elles ne pouvaient plus bouger.

On nous conduisit dans des champs, où nous restâmes deux heures; puis le brouillard s'étant fondu, nous nous mîmes en marche en prenant un sentier qui monte dans une belle forêt.

En ce moment, on entendait le canon du côté de Douzy, et quelquefois des obus venaient éclater près de nous.

— Allons, ça ne sera pas pour aujourd'hui, disait en boitant le sergent Deligny. Mais que diable a-t-on donc à nous faire toujours montrer le dos à ces mangeurs de choucroute! Ils doivent finir par croire que nous avons peur d'eux.

Nous fîmes plusieurs pauses en montant le sentier; le canon de Douzy avait fini par s'arrêter, mais maintenant on l'entendait à gauche, dans la direction de Rémilly. Enfin nous arrivâmes dans des champs labourés et nous pûmes voir autour de nous.

A notre gauche était la Meuse qui coulait dans une vallée, près du chemin de fer de Sedan ; de l'autre côté, il y avait une grande montagne couverte de bois qui devaient être remplis de Prussiens, car, à mi-côte, dans le terrain découvert, on distinguait, à leur fumée, deux batteries qui tiraient sans s'arrêter dans la direction de la rivière.

Près de nous, dans un grand pli de terrain qui descendait vers la Meuse, des zouaves, des turcos, de la ligne, c'est-à-dire presque tout le premier corps d'armée, étaient campés.

Enfin, sur toutes les hauteurs de la rive droite, on voyait des troupes françaises.

Il faisait un beau soleil, les armes brillaient, les pantalons rouges tranchaient sur le vert sombre des champs. C'était magnifique.

Au lieu de nous faire camper avec le 1er corps, on nous fit continuer notre marche un quart de lieue plus loin, et, quand nous fûmes arrivés sur une hauteur d'où l'on voyait très-bien autour de soi, on nous arrêta.

Le commandant alla placer deux compagnies de

grand'gardes dans les bois qui étaient devant nous, du côté de la Meuse; puis il nous fit former les faisceaux, et quatre hommes par escouade allèrent dans un village qui était dans un fond, derrière nous, pour tâcher de se procurer quelque chose à manger.

Ils revinrent de ce village, qu'on appelle Givonne, sans rien rapporter.

Tout le monde était furieux. Nous ne mangions que du biscuit depuis trois jours, les forces nous abandonnaient, car nous avions beaucoup fatigué; nous fûmes réduits, comme cela nous était arrivé si souvent, à arracher des pommes de terre qui n'étaient pas encore mûres et à les faire cuire dans l'eau.

Mais ce qui mettait encore plus les fumeurs en colère, c'est que, depuis plusieurs jours, on ne pouvait plus se procurer de tabac. Ils juraient comme des païens; ils disaient que jamais, ni en Afrique, ni en Crimée, ni en Italie, ni même au Mexique, ils n'avaient été si mal traités; qu'on se moquait d'eux, qu'on les laisserait crever de misère en pleine France, et cent choses du même genre.

La canonnade continuait toujours du côté de la Meuse, mais on voyait bien que ce n'était pas sérieux et que la bataille n'aurait lieu que le lendemain.

Enfin la nuit arriva ; une grande lueur rouge parut sur le bord de la rivière — c'était une fabrique que les Prussiens brûlaient — et une multitude de feux de bivouac s'allumèrent sur toutes les positions occupées par les Français.

Chez les Prussiens, on ne voyait rien. Nous aurions même été très-embarrassés pour dire où ils étaient réellement, tandis qu'ils pouvaient, rien qu'à nos feux, savoir combien nous étions.

C'est ennuyeux à dire, mais ces gens-là sont plus fins que nous, pour ce qui regarde les choses de la guerre.

Ah! quelle belle nuit il faisait ce soir-là ! Le ciel était couvert d'étoiles, un petit vent tiède agitait les feuilles dans le bois, un léger brouillard s'élevait lentement de la rivière, les feux de bivouac s'étaient éteints, toute l'armée semblait dormir ; et, sans la lueur rouge qui venait de la fabrique incendiée, on aurait pu se croire dans un pays bien tranquille, où on ne s'occupe que de profiter des richesses que Dieu a jetées sur la terre, sans jamais songer à s'égorger comme des bêtes féroces.

Couché sur le dos, la tête appuyée sur mon sac, les yeux fixés sur toutes les belles étoiles qui avaient l'air de nous regarder, je pensais au Dieu qui commande à toutes ces admirables choses, qui, père de tous les hommes et pouvant tout, allait laisser le lendemain deux ou trois cent mille de ses enfants se battre, quand d'un signe il pouvait les arrêter..... Enfin je m'endormis.

Je fus éveillé par un coup de canon qui avait été tiré derrière nous. Je supposai que c'étaient les nôtres qui faisaient un signal et je voulus me rendormir ; mais, en ce moment, on vint nous prévenir qu'il fallait envoyer une corvée à l'endroit où était bivouaqué le corps d'armée, parce qu'on allait nous donner de la viande ; aussi on se dépêcha à allumer du feu pour faire la soupe.

Deux heures s'écoulèrent. Enfin le jour commençait à paraître quand la corvée revint. Elle avait de la viande, que nous jetâmes tout joyeux dans les marmites, et nous nous promîmes un bon repas avant la bataille.

Pourtant on a bien raison de dire qu'il ne faut jamais compter sur rien ; car la soupe bouillait à peine lorsqu'une canonnade du diable se fit entendre tout près de nous, du côté de Douzy.

Le commandant, qui avait dormi sous un arbre, était déjà à cheval. Il regardait autour de nous avec sa lunette, quand tout à coup je le vis frotter les verres avec son mouchoir et fixer à plusieurs reprises les hauteurs qui se trouvaient en arrière.

Enfin, il appela l'adjudant-major, il lui dit quelque chose à l'oreille, et celui-ci partit au galop dans la direction où était campé le général.

Le commandant se tourna ensuite vers nous, fit rompre les faisceaux, ordonna aux cuisiniers de renverser les marmites et de rentrer dans le rang; puis il nous commanda demi-tour, et envoya deux compagnies en tirailleurs dans les bois qui descendaient vers le village de Givonne.

Nous vîmes renverser les marmites avec un serrement de cœur que vous comprendrez si vous avez été dans une position pareille. On a beau dire, la viande, qui donne des forces, soutient aussi le courage, et, quand on n'a dans l'estomac que du biscuit et de l'eau, on n'a guère envie de se battre. Nous nous disions en jurant que nous n'avions vraiment pas de chance, puisque, pour une fois par hasard qu'on nous donnait de la viande, il fallait la jeter avant d'avoir pu la faire cuire.

Cependant ces idées-là passèrent vite, parce que notre attention fut attirée par des choses plus sérieuses.

Nous tournions alors le dos à la Meuse, comme je vous l'ai expliqué, et déjà nos tirailleurs avaient commencé le feu du côté de Givonne. On entendait le canon devant, derrière, à droite, à gauche, enfin partout, comme si nous avions été entourés.....

Le sergent Deligny faisait jouer la culasse mobile de son fusil et essayait du doigt la pointe de l'aiguille en mordant ses moustaches ; il avait l'air d'être furieux.

Déjà les obus tombaient au milieu de nous, sans que nous sachions d'où ils venaient, parce qu'il en arrivait de plusieurs côtés à la fois, lorsque nous aperçûmes à droite des hommes en désordre qui se dirigeaient vers nous. Quand ils arrivèrent, ils nous dirent que leurs régiments avaient été attaqués de tous les côtés à la fois, que leurs canons avaient été pris, qu'il y avait des Prussiens partout, qu'il n'y avait pas moyen de tenir ; et, pour se sauver plus vite, ils passaient jusque dans nos rangs et nous bousculaient.

Je remarquai que presque tous ces gens-là avaient des capotes neuves, comme ceux qui étaient arrivés au camp de Châlons et qui avaient si souvent parlé de lever la crosse en l'air.

Le commandant était blanc de colère. Il criait :

— Vous êtes des lâches, des misérables, car si vous aviez un peu de cœur, au lieu de vous sauver, vous vous mettriez avec nous.

Mais ces gens-là ne l'écoutaient pas et ils nous poussaient toujours pour passer.

Enfin le commandant se plaça au devant d'eux et leur cria :

— Eh bien, puisque vous êtes tous des lâches, je vous défends d'approcher de mon bataillon. Faites le tour. Ceux qui sont avec moi sont des Français. Vous, vous n'êtes même pas des hommes.

Les fuyards s'arrêtèrent un instant ; mais le champ où il fallait passer pour éviter le bataillon était à tous moments labouré par les obus. Ça ne leur allait pas de le traverser.

Enfin l'un deux, la mine insolente et le képi sur l'oreille, continua son chemin vers nous en criant :

— Ah, je me f... bien de tout ça, moi. Je passerai où je voudrai. D'ailleurs tous les officiers sont des traîtres.

Il n'avait pas fini que le commandant, enfonçant les éperons dans le ventre de son cheval, sautait sur lui et le renversait dans la poussière.

— Canaille, traître, cria l'homme en se relevant et en armant son fusil.

— Allons, tire, dit le commandant, qui était redevenu calme et immobile comme une statue ; allons, tire. Au moins si tu n'as pas le courage de tuer un Prussien, tu tueras un Français et tu pourras dire que tu t'es conduit comme un brave.

Pendant ce temps, les autres fuyards s'étaient décidés à passer derrière nous. L'homme désarma son fusil et prit sa course pour éviter les obus; nous le perdîmes bientôt de vue.

Je vous ai raconté cette histoire, quoique ça soit bien dur d'avouer qu'on a pu voir des choses pareilles dans l'armée française; mais je crois qu'il vaut mieux que tout le monde les connaisse, parce que bien des gens, qui se croient ou qui se disent de bons patriotes, comprendront que, quand ils cherchent, dans les journaux, à tuer la discipline de l'armée, ils tuent la France; enfin que ceux qui font les lois comprendront aussi que, pour qu'une armée soit dévouée au pays, il faut qu'aucun soldat ne puisse se dire que, s'il était riche, ou s'il avait eu du bonheur au tirage au sort, il ne se battrait pas.

Bientôt nous aperçûmes un grand mouvement dans les troupes du 1er corps qui étaient campées dans le pli de terrain dont je vous ai parlé.

Elles aussi avaient tourné le dos à la Meuse et remontaient vers nous.

Un régiment vint se mettre dans le champ où il tombait tant d'obus, puis une batterie de canons fit face à Givonne, et le commandant, qui venait de recevoir des ordres, nous fit porter, en traversant un bois, dans des champs moissonnés qui étaient à notre gauche.

On envoya encore des tirailleurs, mais on ne voyait pas un seul Prussien. On distinguait seulement, hors de portée de fusil, trois batteries qui faisaient un demi-cercle autour de nous et qui nous lançaient des obus.

On m'a raconté depuis que le mouvement du 1er corps avait été fait pour tâcher de faire passer l'armée par la route de Mézières, qui était libre encore ; mais je ne pouvais guère me douter de cela en ce moment, parce qu'un soldat ne voit guère que ce qui se passe dans son bataillon et même souvent dans sa compagnie.

Je ne vous parlerai pas des trois heures que nous passâmes dans notre nouvelle position. C'était toujours la même chose, car nous recevions toujours des obus, mais nous ne voyions même pas un casque prussien.

A la fin, il était alors près de midi, on vint nous dire de revenir un peu en arrière, sur la lisière du bois que nous avions traversé auparavant, et de tenir là jusqu'à ce que la cavalerie, qui arrivait sur notre gauche, eût battu en retraite.

Nous nous en allâmes tranquillement vers ce bois et nous nous y postâmes en tirailleurs derrière les arbres. La cavalerie passait au trot dans un petit chemin, mais il y avait tant de chevaux que ça n'en finissait plus.

Tout à coup un véritable roulement de coups de canons éclata tout près de nous ; les arbres, frappés par les obus, laissèrent tomber sur nous des branches cassées, des éclats de bois et de feuilles ; on entendit de tous côtés des cris de rage et de douleur... Les batteries prussiennes s'étaient rapprochées et nous mitraillaient. Puis, nous aperçûmes enfin des casques à pointe de cuivre qui dépassaient un peu la hauteur qui était devant nous... Nous tirâmes.

Combien de temps tout cela dura-t-il ? Je n'en saurai jamais rien. Le bruit du canon, la fusillade, les cris des mourants, les craquements des branches, l'odeur de la poudre m'avaient rendu fou, comme à Frœschwiller. Je tirais tant que mon fusil me brûlait les mains, enfin je m'aperçus que je n'avais plus de cartouches.

Je regardai autour de moi pour prendre celles d'un mort. A trois pas de moi, le commandant était étendu sur le dos, sa figure était pâle comme un linge, ses yeux tout grands ouverts, mais il ne respirait plus. Un éclat d'obus lui avait ouvert le ventre. Son cheval, qu'il avait attaché à un arbre, avait cassé sa bride et s'était sauvé.

Je ne vous dirai pas la rage qui me monta alors à la tête. J'aimais ce brave commandant, qui, malgré sa fermeté, était toujours si bon avec nous. Je l'avais vu à Frœschwiller, blessé après avoir eu deux chevaux tués sous lui, se montrer aussi calme que s'il avait été sur un champ de manœuvres. Je le respectais comme on respecte toujours ce qui est noble et grand... Je jetai un dernier regard sur ses cheveux gris remplis de feuilles mortes, puis, remplissant mes poches de cartouches, je courus me remettre à côté du sergent Deligny, qui tirait toujours.

—Ah! ah! dit-il en me voyant arriver. Vous n'êtes donc pas parti, vous aussi, fusilier Artaud? Voyez, il n'y a déjà plus presque personne à côté de nous. On est sage aujourd'hui en France; on ne tient pas à se faire trouer la peau, et on se sauve en criant que tous les peuples sont nos frères...

Et, entre deux coups de fusil, j'entendis son petit rire sec.

— Sergent, dis-je, je n'avais plus de cartouches; j'ai été en chercher.

—Tiens, vous n'avez donc pas peur? dit-il d'un air moqueur.

— Non, non, sergent. Et puis je viens de voir quelque chose qui m'a mis en fureur.

— Quoi donc?

— Le commandant est mort. Là, derrière nous.

Le sergent ajusta avec soin et lâcha la détente.

— C'était un brave, dit-il en rechargeant. Nous avions fait plusieurs campagnes ensemble. Eh bien, si ces chiens de Prussiens ne nous laissent pas manger par les corbeaux, nous pourrirons dans la même fosse.

Et il ajouta, toujours avec son rire ironique :

— Nous nous raconterons Malakoff, Magenta, Solférino. Ça nous rappellera le temps où la France savait gagner des batailles.

En ce moment une balle le frappa à la jambe. Il tomba à genoux.

— Deux! cria-t-il en tirant encore. La première était une égratignure ; celle-ci vaut mieux. Vous verrez que nous finirons par apprendre à ces choucroutes-là à tirer. Dans tous les cas, en voilà un qui ne verra pas Paris. Et il tira.

Les Prussiens arrivaient de tous côtés ; il y en avait tant que tous nos coups portaient.

— Ah! ah! dit le sergent, voilà un officier à cheval. Regardez-moi ce gaillard-là, fusilier Artaud. C'est pour le commandant celui-là.

Le coup partit, mais presque aussitôt le sergent lâcha son fusil.

— Ça y est, dit-il, et il tomba sur la face.

Une balle lui avait percé le cœur.

Presque au même instant je sentis un coup violent á la tête, et je roulai sans connaissance à côté de lui.

. . . .

Quand je revins à moi, le canon grondait toujours, mais assez loin et il n'y avait plus de Prussiens dans le bois. J'avais la figure couverte de sang, car j'avais reçu une balle au front et elle avait glissé autour du crâne en déchirant la peau.

J'avais froid, mon gosier brûlait. Heureusement j'aperçus le bidon du sergent Deligny, qui contenait un peu d'eau, et je le vidai jusqu'à la dernière goutte.

Au bout d'un moment, je me sentis un peu mieux, mais je ne savais plus quoi faire. Enfin il me vint une idée. C'était de remonter le bois jusqu'au point le plus élevé ; arrivé là, de grimper sur un arbre et de voir s'il y avait un endroit par où je pusse rejoindre l'armée sans rencontrer des Prussiens sur mon chemin.

Je pris alors mon fusil et des cartouches. Je regardai une dernière fois notre pauvre commandant et le sergent Deligny, puis je me mis en route à travers le bois.

Tout le long du chemin, je rencontrai des cadavres ou des blessés qui râlaient; enfin j'arrivai au point qui me semblait le plus élevé de la forêt, et, après m'être reposé un moment, je grimpai sur un gros chêne.

Ce que je vis était tellement épouvantable que je me mis à pleurer comme un enfant.

Au fond d'un grand entonnoir formé par des collines assez élevées, qui toutes étaient couronnées par l'artillerie prussienne, il y avait une petite ville fortifiée que la Meuse traversait. Tout autour de cette ville, une masse énorme d'hommes, de chevaux, de canons, se pressait à s'étouffer, comme un troupeau de moutons, pendant que les canons prussiens tiraient au milieu. C'était ce qui restait de l'armée française, des cent mille hommes qui, en se réunissant à Bazaine, devaient sauver la France !

A gauche, en remontant la Meuse, on voyait sur l'autre rive une grosse fumée noire qui se tordait dans le ciel. C'était le village de Bazeilles qui brûlait. Enfin on entendait encore, dans un faubourg de la ville, une fusillade, mais très-faible et qui s'éteignait peu à peu.

Je restai longtemps, à cheval sur une branche, à contempler ce spectacle déchirant. En ce moment, je ne songeais ni au village, ni à Catherine, ni même à ma famille, qui m'aimait tant. Je ne pensais qu'à cet immense désastre, dont la conséquence allait être la ruine et le déchirement de la France. Je versais des larmes de rage, de douleur, de honte ; je regrettais de n'avoir pas été tué, comme le commandant et le sergent Deligny.

Enfin la canonnade des Prussiens s'arrêta. Je m'essuyai les yeux, et, regardant encore une fois, je vis un grand drapeau blanc qui flottait sur un des clochers de Sedan.

Je compris que tout était fini, et je me laissai glisser, écrasé par le désespoir, au pied de l'arbre.

VIII

LES BONS BELGES.

Je restai jusqu'à la nuit couché à la même place. L'excitation du combat, le sang que j'avais perdu, l'horrible spectable auquel je venais d'assister m'avaient donné la fièvre. Je grelotais sous ma capote déchirée, et je voyais, comme dans un cauchemar, des tableaux étranges où tous mes souvenirs venaient se mêler dans le plus grand désordre.

C'était le village avec ses toits de tuiles rouge qui brillaient au soleil, la rivière coulant lentement sous les saules et les peupliers, les champs couverts de blés dorés qui se courbaient en frémissant sous le vent. Puis l'hiver avec la grande cheminée qui flamboyait; mon père qui nous parlait des cavaliers tout bardés de fer se battant pour le Christ en Terre-Sainte, des soldats de la République, pieds nus, mourant de faim et chantant la *Marseillaise*, des grenadiers de la vieille garde portant sur leurs drapeaux les noms d'Austerliz, d'Iéna, de Wagram...

Puis je voyais Catherine qui pleurait devant sa maison incendiée; j'entendais le bruit de la fusillade, des obus trouant les murailles, les cris des mourants, le grincement lugubre des mitrailleuses; la terre était rouge de sang. Enfin un grand cri qui dominait tous les autres, un cri de rage, de honte, d'indignation venait me glacer le cœur, et je voyais le capitaine Martin, pâle, les mains noires de poudre, un fusil à la main, qui s'élançait hors de sa maison, sur laquelle on avait hissé le drapeau blanc.

A la nuit, je trouvai pourtant un peu de calme. Mon cauchemar s'en alla peu à peu et je pus réfléchir à ma position.

On n'entendait plus rien; l'air était doux, le ciel, que j'apercevais à travers les branches, tout brillant d'étoiles. Je me levai sans trop de peine, et, me sentant assez fort pour marcher, je me décidai à essayer de gagner la Belgique, qui était tout près, à droite de la Meuse, d'après ce que j'avais entendu dire la veille par un paysan de Givonne.

Seulement, comment faire pour éviter les Prussiens, qui occupaient tout le pays? Suivre les routes, passer dans les villages, c'était vouloir sûrement tomber au milieu d'eux. Il n'y avait qu'un moyen d'échapper, et encore il n'était pas bien sûr, c'était de suivre, autant que possible, la lisière des bois, de ne traverser les terrains découverts qu'après m'être bien assuré qu'il n'y avait aucun poste ennemi, et de marcher ainsi toute la nuit, tant que je pourrais.

Je montai encore une fois sur le chêne pour m'assurer de la direction de la Belgique, que je marquai avec une grosse étoile ; puis, après avoir jeté un dernier coup d'œil sur Sedan, où l'on voyait des feux de bivouac, je redescendis et je me mis en route.

Au bout d'une demi-heure, j'arrivai à la lisière du bois. Devant moi, dans la direction de l'étoile qui me guidait, il y avait des champs moissonnés, mais couverts, de distance en distance, de tâches noires. C'était des morts, et on avait dû se battre longtemps dans cet endroit, car il y en avait beaucoup.

Je m'arrêtai un bon moment à regarder de tous côtés pour m'assurer qu'il n'y avait aucun poste prussien près de ce champ ; puis, n'ayant rien vu d'inquiétant, je pressai le pas pour le traverser.

J'arrivai ainsi sur une petite hauteur, lorsque tout à coup je m'arrêtai et je me couchai par terre. Je venais de voir des ombres noires qui marchaient devant moi.

Je regardai.

Ces ombres s'avançaient avec précaution de chaque cadavre, se penchaient un moment sur lui, puis reprenaient leur marche pour recommencer d'un autre côté.

Je pensai d'abord que c'était des infirmiers qui venaient ramasser les blessés pour les emporter aux ambulances ; mais, ce qui m'étonnait, c'est que je ne voyais pas de brancards, et que tous ces hommes, au lieu d'appeler pour voir si quelqu'un des malheureux qui étaient étendus là pourrait encore leur répondre, marchaient avec précaution et avaient l'air de se cacher.

Enfin l'un d'eux s'approcha d'un cadavre qui n'était pas à plus de dix pas de moi ; et, comme la nuit était assez claire, je pus voir ce qu'il faisait.

Il se pencha sur le mort, qui était étendu sur le ventre, le retourna, puis, déboutonnant sa capote, il en retira un objet brillant que je crus être une montre. Ensuite, il fouilla dans les poches, et, abandonnant le cadavre, il passa à un autre qui était plus loin.

Les cheveux me dressaient sur la tête.

Ces gens-là étaient des voleurs ! Au lieu de venir pour secourir ceux qui vivaient encore, ils ne pensaient qu'à une chose : les dépouiller, les achever peut-être, s'ils résistaient !

Oh ! quels brigands, quels scélérats il y a dans le monde !

Je trouvais cette conduite si épouvantable qu'un moment je préparai mon fusil pour tirer sur ces misérables qui, j'en suis sûr, se seraient envolés comme des corbeaux ; mais je réfléchis qu'un coup de fusil mettrait les postes, s'il y en avait, en alerte, et que je ne pourrais peut-être plus me sauver. Je m'arrêtai.

Enfin les voleurs s'éloignèrent, et, me levant, je traversai rapidement le champ pour gagner un bois voisin.

Je marchai ainsi jusqu'au jour. De temps en temps j'apercevais des feux qui brillaient autour de moi, j'entendais des voix, ou, sur les chemins voisins, le bruit des sabots des chevaux. Enfin, tout se tut, et, au moment où les étoiles disparaissaient devant une grande bande rouge qui couvrait le ciel, j'entrai dans une forêt, je me couchai dans les broussailles et je m'endormis.

Je fus éveillé par une pluie fine qui, glissant à travers les feuilles, me glaçait jusqu'aux os. Je fis un mouvement pour me lever sur le coude et je vis devant moi un paysan encore jeune, grand, robuste, qui me regardait d'un air triste, pendant qu'un enfant d'une dizaine d'années, se serrait, les yeux rouges de larmes, contre lui.

Au mouvement que je fis, le paysan posa une

grosse cognée qu'il tenait à la main; puis, s'approchant de moi, il me dit d'un air tout content :

— Ah! voilà que vous vous éveillez, mon garçon. A la bonne heure! Jacques et moi nous vous croyions mort, comme tant de malheureux soldats que nous avons trouvés ce matin dans la forêt. Vous êtes blessé, mais ma femme vous soignera comme son fils, vous verrez. Quoique nous soyons de pauvres gens, vous ne vous repentirez pas de venir chez nous.

Et il me tendit sa grosse main, dans laquelle il serra vigoureusement la mienne.

— Allons, continua-t-il, un peu de courage. Appuyez-vous sur moi, et essayez de vous lever. Jacques, ramasse la casquette de ce pauvre garçon et cache son fusil sous les branches; je viendrai le chercher à la nuit.

Je fis un effort, que les bras solides du paysan aidaient d'ailleurs beaucoup, et je me trouvai sur mes jambes. La tête me tournait; je fus obligé de m'appuyer sur le brave homme pour rester debout.

— Merci, lui dis-je.

— Oh! vous me remercierez plus tard, mon garçon, reprit-il en riant. Pour le moment, il faut songer au plus pressé. Vous avez faim, n'est-ce pas?

— Je n'ai pas mangé depuis hier matin.

— Pauvre enfant! Jacques, ouvre mon bissac et donne à ce brave soldat du pain et du fromage. Nous allons nous mettre à l'abri sous ce rocher, nous ferons du feu pour le réchauffer et nous ne partirons que quand il pourra marcher.

Un moment après, nous étions assis à l'abri de la pluie, un gros feu de branches sèches flambait à côté de nous, et, à mesure que je mangeais, je sentais peu à peu les forces me revenir.

Le paysan avait allumé une grosse pipe à couvercle de cuivre, qu'il fumait sans rien dire; le petit Jacques avait été remplir mon bidon d'eau fraîche à une source qui était à côté; il jetait du bois dans la flamme et me regardait avec un intérêt si touchant que je lui dis :

— Mon petit Jacques, je suis un paysan comme toi. J'aime ceux qui ont le cœur bon pour les malheureux. Veux-tu m'embrasser et que nous soyons de vrais amis?

Les yeux de l'enfant devinrent tout brillants de joie. Il regarda son père, qui lui fit en souriant un signe de tête, et il me sauta au cou.

Je ne pouvais m'empêcher de pleurer. Alors le père me prit encore une fois la main.

— Allons, allons, dit-il, je vois que vous êtes un brave cœur. Nous sommes Belges, nous autres, mais nous aimons la France, car nos pères étaient Français. Nous avons tous pleuré au village quand nous avons su que vous aviez été battus..... Mais ne parlons plus de ça. Tenez, buvez une goutte d'eau-de-vie, ça vous donnera des jambes, et, si vous vous sentez mieux, nous partirons.

Je bus une gorgée d'eau-de-vie à sa gourde. Les forces m'étaient revenues. Je me levai.

— Eh bien, dit le paysan, ça va-t-il un peu mieux ?

— Oh oui, lui répondis-je. Je suis fort, maintenant ; vous m'avez sauvé.

— Alors, en route. Dans une petite demi-heure, nous serons chez nous, et la ménagère pansera votre blessure.

Nous prîmes à travers le bois, parce que la cavalerie belge courait sur les chemins pour faire prisonniers tous les soldats français ou prussiens qu'elle rencontrait. Jacques me tenait par la main et choisissait, pour me faire passer, les endroits les plus commodes.

A un moment, nous arrivâmes sur le bord de la forêt.

La pluie s'était arrêtée et je vis dans une grande prairie une grande quantité de bestiaux qui paissaient l'herbe mouillée. Il y avait aussi des charrettes chargées de linge et de meubles, et, à côté, des femmes et des enfants qui faisaient la cuisine ou se séchaient autour de grands feux.

— Qu'est-ce que tout ce monde? demandai-je au père de Jacques.

— Ce sont de malheureux Français comme vous, dit-il, des pauvres gens qui se sont sauvés de leurs villages pour fuir les Prussiens. Nous avons pris dans nos maisons tous ceux que nous pouvions loger; les autres couchent dehors, sous la pluie, comme vous voyez. Ils sont bien malheureux..... Il y a là des enfants qui tètent encore. Ça fait frémir.

Je détournai la tête pour ne pas voir ces misères affreuses qui me déchiraient le cœur. Enfin nous aperçûmes dans un vallon quatre ou cinq maisons couvertes d'ardoises, dont les cheminées fumaient.

— Nous arrivons, dit Jacques. Vous voyez la maison qui est là, dans les arbres. C'est la nôtre. Je vais prévenir ma mère.

Et il prit sa course vers la maison.

Quand nous arrivâmes, je vis sur le seuil une bonne grosse paysanne d'une trentaine d'années qui tenait un petit enfant dans ses bras et qui souriait en me regardant.

— Allons, femme, dit le paysan, voilà un brave garçon que j'ai trouvé dans la forêt. Il est blessé à la tête. Tu vas vite le panser et tu lui donneras quelque chose de chaud à boire..... A qui est donc le petit enfant que tu tiens ?

— C'est celui de cette pauvre femme qui est malade et qui ne fait que pleurer, répondit la ménagère. Vois comme il est gentil, le petit amour; il me sourit déjà comme à sa mère. Tiens, Jacques, amuse un moment ce petit-là, pendant que je vais voir la blessure de ce monsieur.

En parlant ainsi, la brave femme alla à la cheminée, versa de l'eau chaude dans un saladier, prit des linges blancs qu'elle avait préparés, et me fit asseoir sur une chaise de bois, près de la table.

Dans la cuisine, il y avait deux vieilles femmes, les vêtements déchirés, les yeux rougis par les larmes, qui tendaient leurs mains ridées vers la flamme du foyer, et une jeune fille de dix-huit ans à peu près, qui essayait de les consoler.

Enfin, dans la chambre à coucher, dont la porte était ouverte, je voyais tout le plancher couvert de paille, et, sur le seul lit qui s'y trouvait, une femme pâle, qui semblait dormir.

— Mère, disait la jeune fille à l'une des pauvres vieilles, il faut avoir du courage. Mon père et mon frère reviendront... Ils ne savaient pas où nous étions passées; ils auront pris un autre chemin...

La vieille secoua la tête.

— Ils étaient encore à Bazeilles quand les Prussiens y ont mis le feu, dit-elle. Les brigands fusillaient tous ceux qui voulaient se sauver. Ils ont tué mon fils et mon petit-fils...

Et elle cacha sa tête dans ses mains; puis elle murmura en sanglotant :

— Oh! pourquoi ne suis-je pas morte aussi! Voir mourir tous ceux qu'on aime et rester toujours là!... Non, Dieu n'est pas juste. Je n'ai jamais fait de mal à personne; pourquoi ne me prend-il pas?

— Et moi, grand'mère? dit la jeune fille en tombant à genoux et en cachant sa tête dans le sein de la vieille femme. Vous ne m'aimez donc pas, puisque vous voulez mourir? Que deviendrais-je alors?

— C'est vrai; pardon, pauvre enfant! fit la grand'mère en couvrant la jeune fille de baisers. C'est moi qui devrais te donner du courage et je ne fais que me plaindre... Tu as pourtant plus perdu que moi, car quand on est jeune, on aime la vie et la misère fait peur..... Tout ce que nous avions a été brûlé; nous ne possédons au monde que les habits que nous avons sur nous... qu'allons-nous devenir?

— Je travaillerai, ma mère.

— Oui, Louise, tu travailleras; mais ton fiancé, ce pauvre Jean, que nous avons laissé au village, un fusil à la main... Oh! le fou! Il ne t'aimait donc pas pour risquer ainsi sa vie...?

La jeune fille se releva, pâle, les yeux secs.

— Mère, dit-elle d'une voix qui me fit frissonner, c'est parce qu'il m'aimait que Jean a voulu, comme mon père et mon frère, se conduire en bon Français. Il savait bien que, s'il s'était sauvé avec les femmes et les enfants, jamais je n'aurais voulu le revoir.

Pendant cette conversation, la brave femme du paysan avait défait le mouchoir avec lequel j'avais entouré ma tête, et elle avait lavé ma blessure avec de l'eau tiède.

— Ça ne sera rien, mon garçon, me dit-elle. Jacques, apporte la bouteille de baume et donne-moi la charpie que j'ai faite hier soir... Là. A présent, va voir si la dame qui est couchée a besoin de quelque chose. Je l'entends qui s'éveille.

Cinq minutes après, j'étais pansé, j'avais bu une tasse de bouillon bien chaud, et je sentais la vie qui me revenait.

Oh! les braves cœurs que les paysans belges qui m'avaient recueilli! Comme ils étaient heureux quand ils voyaient quelqu'un de nous sourire! Ils étaient pauvres; on le voyait bien à leur mobilier vieux et misérable; mais tout ce qu'ils avaient était pour nous. Ils avaient donné leur lit à la femme malade qui avait un petit enfant, celui de Jacques à l'une des vieilles femmes, et ils couchaient dans le grenier, sur la seule botte de paille qu'ils n'avaient pas donnée aux autres.

Je le répète, c'étaient de braves cœurs, de vraies créatures du bon Dieu, qui oubliaient leur misère pour ne penser qu'à celle des autres. Leur souvenir ne sortira jamais de mon cœur, et chaque jour je prierai Dieu de leur accorder ses bénédictions.

Le soir, j'allais tout à fait bien. Comme l'avait dit la bonne femme, ma blessure n'avait rien de grave, et je pensais à ce que j'allais faire.

J'étais en Belgique et par conséquent prisonnier de guerre si je tombais entre les mains des troupes de ce pays; mais la vue des souffrances des pauvres gens, mes compatriotes, qui se trouvaient à côté de moi m'avait rempli de rage contre les Prussiens. J'aurais donné tout au monde pour pouvoir rentrer en France et me battre encore une fois contre ces sauvages qui brûlaient sans pitié les villages et ne faisaient grâce ni aux femmes ni aux enfants.

J'allai trouver le père du petit Jacques qui, à son tour berçait sur ses genoux l'enfant de la femme malade, et je lui dis ce que je pensais.

Il me tendit la main.

— Vous avez raison, dit-il. Ça nous fera de la peine de vous voir partir avant d'être guéri ; mais ça crève le cœur de voir souffrir les pauvres femmes qui sont là. Si j'étais Français, je ferais comme vous ; je voudrais me battre jusqu'à ce que les brigands m'aient tué.

En ce moment la jeune fille, qui était devant la porte, poussa un cri et courut au-devant d'un homme qui arrivait sur le chemin.

— Père, père, disait-elle en pleurant, grand'mère est ici.

L'homme, qui avait une blouse grise brûlée en plusieurs endroits et ses cheveux tout roussis, la serra sur sa poitrine.

— Et mon frère? demanda-t-elle tout à coup.

— Il est vivant ; rassure-toi. Il est dans un autre village, tout près d'ici. Nous vous cherchions depuis ce matin.

— Oh, merci, merci, dit la jeune fille. Puis elle baissa la tête.

— Et... Jean? dit-elle en tremblant.

Le père baissa les yeux, sans répondre.

— Jean, Jean, où est-il? cria-t-elle.

— Il faut du courage, Louise, dit le père d'une voix étouffée.

— Oh, ils l'ont tué! cria la pauvre enfant, et

elle tomba évanouie dans les bras de son père.

J'aidai le pauvre homme à transporter sa fille dans la maison, puis je revins à notre hôte, et je lui dis :

— C'est épouvantable. Je ne peux pas voir ces choses-là plus longtemps. Je vous remercie de votre bon cœur, mais je partirai demain matin.

— C'est bien, dit le brave Belge, je vous conduirai jusqu'au chemin de fer. Vous laisserez vos habits ici, parce qu'on vous arrêterait si on savait que vous êtes un soldat français, et vous vous déguiserez avec une de mes blouses. J'arrangerai ça.

Le soir, nous dînâmes avec des pommes de terre et du lard que la pauvre ménagère avait pris sur se petites provisions.

La jeune fille était allée se coucher sur la paille, dans la chambre voisine ; on l'entendait pleurer et se plaindre. Quand le dîner fut fini, le père nous raconta ce qui s'était passé à Bazeilles. C'est horrible.

Pendant la bataille, un régiment d'infanterie de marine avait pris position dans le village où, aidé des braves habitants, il résista à plusieurs assauts. C'était des Bavarois qui attaquaient. Ils avaient beau lancer des obus dans les maisons ; chaque fois qu'ils arrivaient, on les repoussait en leur tuant beaucoup de monde.

Enfin ils vinrent avec des forces écrasantes. Ils

8.

entourèrent le village, et, allumant des poignées de paille, ils mirent le feu partout.

Il y avait encore des femmes et des enfants dans les maisons. Poussés par les flammes, ces malheureux voulurent sortir, mais les sauvages les attendaient, cachés dans des broussailles, et les fusillaient un à un...

Quelle boue ces gens-là ont-ils donc dans les veines ? Tuer des êtres faibles, inoffensifs, qui cherchent à échapper aux flammes, c'est là bravoure des lâches ; les sauvages, qui se mangent entre eux, rougiraient d'égorger ceux qui ne peuvent pas se défendre.

Celui qui nous racontait ces choses abominables s'était trouvé, avec son fils, dans sa maison incendiée. Ils avaient lutté comme de braves gens tant qu'ils avaient eu affaire à des hommes ; puis le feu les avait chassés successivement de chaque chambre ; ils avaient descendu dans une cave voûtée, sur laquelle la maison avait fini par s'écrouler ; et enfin la nuit venue, ils avaient pu sortir et se sauver.

Le lendemain, au point du jour, j'étais éveillé quand le bon Belge vint me trouver sous un hangar où j'avais absolument voulu coucher pour ne gêner personne. Il m'apportait une blouse, un pantalon de toile et un vieux chapeau à larges bords, qui devait servir à cacher mon bandage.

— Venez, me dit-il, la ménagère vous a fait chauffer du bouillon et elle a mis dans un sac tout ce qu'il faut pour le voyage. Elle vous attend.

Je le suivis après m'être déguisé avec les habits qu'il m'apportait. Le petit Jacques et sa mère étaient debout dans la cuisine; l'enfant pleurait en me voyant sur le point de partir.

— Jacques, lui dis-je, souviens-toi que, si les Prussiens ne me tuent pas, tu auras un ami en France; un ami qui bénit tes parents pour le bien qu'ils font aux malheureux. Je t'écrirai souvent, et, quand tu auras besoin de moi, je serai toujours prêt.

La mère, en m'entendant parler comme cela, m'embrassa, les yeux tout rouges de larmes.

— Vons êtes un bon cœur, dit-elle. Dieu vous protégera.

J'avais le cœur bien gros en quittant cette maison. Enfin je sortis avec le père, et nous prîmes un chemin qui traversait la forêt.

En route, je pensai à une chose. Depuis mon départ du village, j'avais conservé une partie des cinq louis que m'avait donnés le capitaine Martin; en outre, j'étais parvenu à économiser, sur les quinze francs qu'il m'envoyait chaque mois, une petite somme assez ronde, de sorte que j'avais, dans une bourse de cuir, quatre-vingt-dix francs environ.

Avant la guerre, je comptais souvent cet argent, et je me disais qu'aussitôt que je pourrais arriver à cent vingt francs, j'achèterais une jolie petite montre en or, que j'avais vue chez un horloger, et que je l'enverrais à Catherine. Mais toutes les misères que je venais de voir m'avaient tellement fait de la peine que mon argent me brûlait dans ma poche.

Je me disais que, si Catherine savait jamais que j'avais vu des gens ruinés par la guerre, ne sachant plus comment trouver un abri et un morceau de pain, et que, pour lui faire un cadeau, j'avais conservé mon argent, elle me dirait que je n'avais pas de cœur; aussi, pendant que nous marchions, j'avais pris mon parti de me conduire comme tout le monde doit le faire en pareille occasion.

Enfin, nous arrivâmes dans un petit village où il y avait une gare de chemin de fer; et, comme le train allait justement partir, je fis mes adieux au bon Belge.

Il m'embrassa plusieurs fois; mais, au moment où il allait me quitter pour rentrer chez lui, je tirai ma bourse et je lui dis :

— Vous êtes un bien brave homme, monsieur Donier (j'avais oublié de vous dire son nom), aussi je vais vous demander encore un service.

— Tant mieux, dit-il. Dites-moi ce que c'est.

— Voici : vous avez chez vous des gens bien malheureux. Ils ont tout perdu, et, sans votre brave femme, ils seraient peut-être déjà morts de faim. Vous n'êtes pas riche ; vous ne pourrez pas les garder jusqu'à la paix.....

— C'est vrai, dit-il d'un air triste. Ah ! ceux qui ont de l'argent sont bien heureux ; ils peuvent toujours faire du bien à ceux qui souffrent.

— Eh bien, repris-je, je m'en irais content si vous vouliez prendre ces soixante francs pour les distribuer à ces pauvres gens. C'est un Français qui veut venir en aide à d'autres Français encore plus malheureux que lui ; ils ne me refuseront pas.

Le brave paysan me regarda un moment, les yeux tout humides ; puis il me sauta au cou.

— Donnez, dit-il en m'embrassant. C'est bien, ce que vous faites là... C'est très-bien.

La locomotive siffla.

— Vous nous écrirez, n'est-ce pas ? me dit le paysan.

— Oh oui, oui... je ne vous oublierai jamais.

— Alors adieu, et que Dieu vous protége !

En parlant ainsi, il s'en alla tristement, et je montai en chemin de fer.

IX

PARIS.

Je n'eus pas beaucoup de difficultés pour rentrer en France. Mon déguisement et surtout mon chapeau à larges bords, qui cachait complétement ma blessure, éloignaient tous les soupçons.

A Namur, je pris la ligne qui passe par Thuin, et, vers dix heures du soir, j'arrivai à Maubeuge, en pleine France.

Les bureaux de l'intendance étaient fermés. Je cherchai alors une auberge pour y passer la nuit; et, en ayant découvert une, qui n'était pas encore fermée, j'y entrai.

Il y avait plusieurs hommes qui discutaient en criant dans la salle de l'auberge. Ils parlaient de la bataille de Sedan. Je me mis à les écouter pendant que la servante m'apportait un morceau de jambon et une choppe de bière. C'est là seulement que j'appris que l'empereur avait été fait prisonnier.

Les uns le plaignaient, les autres disaient que c'était un lâche, qu'il avait vendu l'armée et la France; enfin c'étaient des cris, des malédictions, des lamentations comme si tout le monde avait perdu la tête.

La nouvelle de la prise de l'empereur m'avait aussi troublé. L'appétit que j'avais en arrivant était parti tout d'un coup, car je voyais que nos malheurs étaient encore plus terribles que je ne l'avais cru ; aussi je demandai bien vite une chambre à l'hôtesse, et j'allai me coucher, après avoir touché à peine à mon repas.

Je ne pus dormir de toute la nuit.

Enfin, au jour, je me levai et je courus à l'intendance. Les bureaux étaient encore fermés, car il était de trop bonne heure. Mais, vers sept heures, il arriva un sergent qui, après avoir pris mon nom et le numéro de mon régiment, me dit de revenir le soir, à cinq heures, pour chercher ma feuille de route. Il ajouta même qu'on allait me diriger sur Paris, parce que les Prussiens marchaient de ce côté et qu'ils voulaient prendre notre capitale.

En effet, ma feuille de route était bien pour la grande ville dont j'avais entendu parler si souvent par mon père et par le capitaine Martin. J'avais toujours espéré la voir un jour ; et, quoique la circonstance qui m'y conduisait était bien triste, je ne pouvais m'empêcher de penser au plaisir que j'aurais en voyant les choses merveilleuses auxquelles j'avais si souvent rêvé.

Je ne pus partir de Maubeuge que le lendemain matin, parce que les trains qui passaient étaient des trains de marchandises qui portaient à Paris des blés et des fourrages. De plus, la ligne était si encombrée, qu'une fois en route, nous nous arrêtions des heures entières dans toutes les gares; de sorte que ce ne fut que le lendemain soir que nous arrivâmes à Paris.

Il était nuit quand je sortis de la gare, et j'eus toutes les peines du monde à passer à travers une grande foule de gens qui se pressaient à s'étouffer pour s'en aller en province.

Il y avait là beaucoup de femmes, d'enfants, de vieillards, et je comprenais que, puisque les Prussiens allaient assiéger la ville, il valait beaucoup mieux que tous ceux qui ne pouvaient pas se battre fussent partis. Mais ce qui m'étonna, c'est de voir des jeunes gens solides et généralement très-bien habillés qui prenaient aussi des billets pour s'en aller.

Je me dis alors que ceux-là devaient être des étrangers; mais que, si, par hasard, il y avait parmi eux un seul Français, on devrait afficher son nom dans toute la France, dire que c'était un lâche, et, après la guerre, lui défendre de rentrer chez nous.

Ah! répétai-je plusieurs fois, les braves gens de Bazeilles n'ont pas pensé à se sauver, eux. Ils se sont battus jusqu'à ce que leurs maisons incendiées se soient écroulées sur leur tête. Ils sont ruinés, beaucoup sont morts; mais si la France est toujours la France, elle récompensera ceux qui restent et honorera la mémoire des autres, qui ont versé leur sang pour elle.

Quand enfin j'eus traversé toute cette foule et que je me trouvai dans la rue, j'eus un éblouissement.

J'avais devant moi deux longs cordons de feu qui s'étendaient à perte de vue et où chaque bec de gaz faisait l'effet d'un grain de chapelet. Au milieu de la rue, qui était quatre fois plus large qu'une grande route, on voyait d'autres lumières, rouges, bleues, vertes, enfin de toutes les couleurs, qui couraient dans tous les sens comme des feux follets. Sur les trottoirs, où il faisait clair comme en plein jour, il passait tant de monde qu'à chaque instant on se coudoyait. Ceux qui s'arrêtaient pour se parler se serraient les mains et avaient l'air tout content; enfin, à beaucoup de croisées de grandes maisons qui ressemblaient à des palais, il y avait des drapeaux qui pendaient, comme on fait au village pour les jours de grandes fêtes... j'entendais même des cris de joie et des chants; mais loin de moi, de sorte que je ne pouvais pas distinguer les paroles.

J'admirais tout cela ; mais j'étais bien étonné. Après ce que j'avais vu depuis cinq jours, je ne pouvais pas m'expliquer pourquoi on était si joyeux à Paris.

A la fin, il me vint une idée qui me fit passer un frisson dans tout le corps. Je me dis : Pour qu'on soit si content à Paris et pour qu'on mette ainsi des drapeaux aux maisons, il faut qu'on ait reçu de bonnes nouvelles de l'armée. Mac-Mahon a été battu, l'empereur a été fait prisonnier ; mais il y a encore l'armée de Bazaine, qui est à Metz. Bien sûr qu'elle aura remporté une grande victoire. Il faut que je demande ça à quelqu'un.

Je m'arrêtai alors sur le trottoir ; mais je n'osais pas m'adresser aux bourgeois qui passaient. J'attendais un ouvrier, quelqu'un enfin qui fût habillé comme moi et qui n'eût pas honte de parler à un pauvre diable en blouse.

Au bout d'un moment, il en passa un. C'était un homme de trente ans à peu près ; il portait en bandoulière un sac de cuir où il y avait des outils.

— Pardon, monsieur, lui dis-je en l'arrêtant. Si vous n'êtes pas pressé, vous me ferez bien plaisir en m'expliquant quelque chose.

— Tout ce que vous voudrez, citoyen, répondit-il.

— Merci bien de votre complaisance, lui dis-je. Voici ce que c'est : Je ne suis jamais venu à Paris. J'étais soldat dans l'armée de Mac-Mahon ; j'ai été blessé à Sedan et j'ai pu me sauver par la Belgique. Je voudrais savoir pourquoi tout le monde a l'air si content ici et pourquoi on a mis tous ces drapeaux aux fenêtres.

— Comment ! me dit-il d'un air étonné. Vous ne savez pas ? Eh bien, mon brave, vous allez être aussi content que les autres. On a proclamé la République ce matin.

Je m'attendais si peu à cette nouvelle que je restai un instant tout abasourdi. Enfin, je repris :

— Ah ! on a proclamé la République... et... a-t-on des nouvelles de Bazaine ?

— Oui. Il est bloqué dans Metz.

— Bloqué !... alors tous ces drapeaux, toutes ces chansons, tous ces cris, c'est... à cause de la République.

— Tiens ! dit l'ouvrier, ça vous étonne !... Ah ça, mon bon, d'où diable sortez-vous donc ? Vous avez l'air tout chose quand on vous annonce qu'on a nettoyé toute la clique à Badinguet ! A quoi pensez-vous en baissant la tête comme ça ?

— Je pense à la France, dis-je, à la France qui est envahie par 800,000 Prussiens.

— Eh! corne de bœuf! j'y pense aussi à la France, moi; et c'est pour ça que je suis heureux comme un pape. Mais vous ne comprenez donc pas que la République va nous sauver; que cette canaille de Napoléon nous avait vendus et que les Prussiens vont trembler dans leur peau aussitôt qu'ils sauront que nous avons la liberté!

— Ah! dis-je en ouvrant de gros yeux.

— Mais, mon brave, reprit-il. Vous m'avez dit que vous êtes blessé. Venez avec moi, nous allons prendre un petit verre; ça vous fera du bien. Nous boirons à la santé de la République.

Et, me prenant par le bras, il me conduisit dans un café où il y avait beaucoup de monde. Il s'assit à une table et demanda deux verres de cognac.

— Allons, dit-il en trinquant, vive la République!

— Puisque vous êtes si complaisant, lui dis-je, vous m'excuserez de vous demander encore des explications.

— Allez, allez, mon brave.

— Alors, dites-moi donc comment on a proclamé la République.

— Ah! voilà, dit-il en riant. Ça a été comme sur des roulettes. Aussitôt qu'on a reçu la nouvelle que

Badinguet avait été battu, on a crié comme des sourds. Il y avait vingt ans qu'on était sous le régime du sabre, vingt ans qu'on était gouverné par un despote qui avait étranglé la liberté ; on attendait une occasion pour nettoyer tout ça, et on ne pouvait pas en trouver de meilleure. Alors, dans la nuit d'hier, le peuple s'est porté autour du palais du Corps législatif. Tout le monde criait : Vive la République ! A bas l'Empire ! Ça faisait trembler les députés dans leur peau...

Puis, quand Jules Favre, Gambetta et les bons, ceux qui ont été nommés par Paris, ont vu les autres cuits à point, ils ont demandé la déchéance de l'Empire, et tout a été fini. Ça n'est pas plus difficile que ça.

— Alors, dis-je, les autres députés ont laissé faire ceux de Paris ?

— Comme vous dites, mon brave. On leur a fait comprendre que le peuple qui criait à la porte n'entendait pas la plaisanterie, qu'il enfoncerait tout si on ne lui donnait pas ce qu'il demandait, et on les a priés d'aller voir ce qui se passe en province.

— Et l'impératrice, qui était régente ?

— Il paraît qu'elle a voulu faire des manières, mais on l'a emballée dans une voiture, et fouette cocher !...... Ce qu'il y a de plus drôle, ajouta-t-il en riant, c'est que le gouverneur de Paris, celui sur lequel elle comptait le plus pour la défendre, est aujourd'hui le président de la République.

— Vous plaisantez ?

— Non, il est avec nous ; il fait des proclamations magnifiques. Il n'est pas comme tous ces traîtres de généraux de l'Empire qui nous ont vendus. Il a juré qu'il sauverait Paris. Les Prussiens n'ont qu'à se bien tenir.

— Mais, lui dis-je timidement, vous dites que Paris a proclamé la République et renvoyé les députés de la province. Cependant la France, qui, il n'y a que quelques mois, a donné sept millions de voix à l'Empire, pourrait bien n'être pas de l'avis de Paris.

— La France ! mais d'où diable sortez-vous donc, mon brave ? La France c'est Paris. La province fait pousser du blé, des raisins, des pommes de terre, des carottes, tout ce que vous voudrez ; c'est son métier parce qu'elle est le bras de la France ; mais la tête c'est Paris, et quand la tête veut quelque chose, il faut bien que le bras obéisse. Est-ce que jamais la province songe à faire des révolutions ; est-ce que jamais elle a pensé à trouver mauvaises celles que Paris fait ? Ah ! il ne manquerait plus que ça ; ça serait drôle.

— Pourtant, dis-je, le suffrage universel......

— Ah ! oui, une jolie balançoire, votre suffrage

universel, cria-t-il en m'interrompant. Si on le laissait faire, votre suffrage universel, c'est la province qui gouvernerait Paris, et alors ça serait du joli.

J'avoue que la différence que l'ouvrier faisait entre les gens de Paris et ceux de la province me blessait beaucoup.

Jusque-là, j'avais cru que le plus grand bienfait de notre grande révolution de 89 était d'avoir rendu tous les Français égaux, et je ne m'expliquais pas pourquoi un homme qui parlait de la liberté voulait qu'une seule ville en France eût le droit d'imposer sa volonté à tout le monde. Je lui dis :

— Vous m'excuserez ; je suis un paysan ; je n'ai jamais quitté mon village avant d'être soldat et il y a beaucoup de choses que je ne comprends pas encore. Mais enfin Paris n'a pas deux millions d'habitants, la province en a plus de trente-six millions. Ça vous paraît donc juste que ce soit le petit nombre qui décide du sort de tout le monde ?

Il me regarda un moment comme s'il était embarrassé, puis il trinqua avec moi et répondit :

— Écoutez, mon brave. Vous êtes paysan et il n'y a pas de déshonneur à ça... mais...

— Mais quoi ? allez, ne vous gênez pas.

— Mais en province on n'entend rien à la politique. Savez-vous lire ?

— Oui.

— Eh bien, lisez les discours de Jules Favre, de Jules Simon, de Gambetta, enfin de tous les députés de Paris. Vous verrez que c'est l'ignorance des campagnards qui est cause de tous nos malheurs. C'est elle qui nous a donné l'Empire, c'est elle qui nous a fait maintenir les armées permanentes, qui nous ruinent et qui ne servent qu'à soutenir la tyrannie, c'est elle encore qui a fait donner sept millions de voix à Badinguet et qui nous a amené la guerre...

— Ah! dis-je tout surpris, vous croyez donc qu'il ne faudrait plus d'armées?

— Non, non, mon brave. Plus de soldats; une armée d'instituteurs, comme dit Jules Simon. Voilà le progrès. Avec l'instruction nous aurons la liberté, et un peuple libre est invincible.

— Et, en attendant que l'instruction soit arrivée partout, dis-je, c'est alors Paris qui commandera au reste de la France?

— Comme vous voyez, citoyen.

— C'est drôle tout de même. Je n'avais jamais compris les choses ainsi; mais, puisque vous me dites cela! Il n'y a donc à Paris que des gens instruits et intelligents qui se mêlent de changer le gouvernement.

— Oh! oh! dit-il en riant, vous m'en demandez trop. Tout le monde s'en mêle; et ceux qui crient le plus fort ne sont pas toujours les plus malins.

Puis il acheva son verre d'eau-de-vie et me dit :

— Où allez-vous coucher ce soir ?

— Je n'en sais rien. Je ne peux pas aller à la place, il est trop tard. Si vous vouliez me conduire à une auberge, vous me feriez bien plaisir.

— Allons, dit-il, venez avec moi. Vous me plaisez, quoique vous ayez l'air d'un drôle de républicain; mais je vous formerai.

Nous sortîmes du café et nous remontâmes vers la gare.

— Je demeure à Belleville, me dit-il en marchant. Il y a un hôtel meublé à ma porte. Je vais vous y mener, et, demain matin, je vous conduirai à la place Vendôme. C'est mon chemin.

C'était un homme très-poli et très-complaisant que cet ouvrier. Tout le long du chemin il m'expliqua une foule de choses, dont quelques-unes m'étonnèrent beaucoup, mais parmi lesquelles plusieurs me firent beaucoup de plaisir.

Il me dit que Paris était décidé à résister jusqu'à la dernière extrémité; que tous les hommes valides faisaient partie de la garde nationale; qu'on avait déjà commencé à les armer, et que tout le monde se battrait bien. Lui, en particulier, ne parlait que de batailles; il soutenait qu'il n'y avait pas besoin d'être soldat pour faire bravement le coup de fusil; enfin je voyais bien qu'il pensait tout ce qu'il disait, et, quoique les idées qu'il m'avait exprimées sur la politique me semblassent bien extraordinaires, je me disais que c'était un brave homme et sa confiance me gagnait.

Tout en causant, nous arrivâmes devant chez lui. Il me conduisit dans une espèce d'auberge où il me fit donner une chambre; puis il me dit qu'il viendrait me chercher le lendemain matin, et, après l'avoir remercié, je me couchai.

J'eus beaucoup de peine à m'endormir. Le bruit des voitures roulant sur le pavé, les cris des passants, les chants où le mot République revenait à chaque couplet me tenaient éveillé malgré moi. Enfin, ne sachant quoi faire, je me mis à réfléchir à cette révolution qui arrivait dans un moment si triste pour la France.

Je n'y comprenais pas grand'chose, car je ne pouvais pas trouver quelles étaient les libertés qui nous manquaient sous l'Empire et que la République allait nous donner. Cependant, comme tout le monde à Paris avait l'air si heureux, comme j'entendais, à chaque instant, crier dans la rue : Vive la République ! Vive la liberté ! je me dis qu'il y avait évidemment bien des choses que j'ignorais sur cette question, et je me promis de les apprendre.

Mais, ce qui m'occupait le plus, c'était de savoir pourquoi on avait fait cette révolution sans consulter la France et justement au moment où le pays était envahi par les Prussiens. Je trouvais que les autres puissances de l'Europe devaient avoir une bien triste opinion de nous en voyant que nous laissions jeter à la porte, par une poignée de députés, un gouvernement à qui la nation avait donné, quelques mois auparavant, une majorité de sept millions de voix ; qu'on devait nous croire des fous ou des enfants qui ne savent pas ce qu'ils veulent, et qu'enfin ceux qui avaient proclamé la République avaient pris une bien grande responsabilité.

Je me perdais dans toutes ces idées ; pourtant je finis par me dire que, puisque les choses étaient comme cela, il fallait que les gens qui avaient fait la révolution fussent certains de sauver la France, qu'autrement ils auraient commis un crime impardonnable ; et, consolé par cette pensée, je m'endormis.

Le lendemain matin, l'ouvrier vint me chercher à sept heures. J'étais levé depuis longtemps ; je le suivis. Mais à peine étions-nous descendus dans la rue, que j'entendis des cris furieux et que je vis une foule énorme d'hommes, de femmes, d'enfants, qui arrivait de notre côté.

— A mort! à mort! criait-on. Il faut le pendre à un bec de gaz. Il faut aller le jeter dans le canal. Non, trempez-le dans du pétrole et allumez-lui les moustaches...

Et des hurlements à faire dresser les cheveux partaient de la foule.

— Qu'est-ce que c'est donc? demandai-je à l'ouvrier.

— Oh! dit-il, ça doit être un sergent de ville de Badinguet qu'on emmène en prison.

Presque aussitôt la foule arriva à notre hauteur, et je vis un malheureux, pâle, effaré, n'ayant pour tous vêtements qu'un pantalon et une chemise déchirée, que deux hommes à figure sinistre traînaient par les bras.

— Oh, le malheureux! dis-je. Mais qu'a-t-il donc fait?

— Il était sergent de ville sous l'Empire.

— Voilà tout?

— Mon Dieu, oui.

— Et on va tuer ce malheureux pour ça. On le traîne comme un assassin au milieu de la rue, parce qu'il arrêtait, il y a quelques jours, les voleurs et les assassins. Mais c'est épouvantable. Est-ce que c'est cela que vous appelez la liberté ?

L'ouvrier était presque aussi indigné que moi.

— Où allez-vous? me dit-il en me voyant marcher vers la foule.

— Je vais expliquer à ces gens que ce qu'ils font est un crime, une infâmie...

— Gardez-vous en bien, me dit-il, en me retenant. On vous prendrait pour un mouchard et on vous traiterait comme lui. D'ailleurs, voyez : on vient de le faire entrer au poste ; il est sauvé.

En effet, des gardes nationaux avaient réussi à s'emparer du malheureux, et, pour calmer la foule, qui hurlait toujours : A mort ! ils promettaient tout ce qu'on voulait.

J'étais épouvanté. Nous reprîmes notre route sans rien dire. Mais, comme nous arrivions dans une rue qu'on appelle la rue du Faubourg-du-Temple, voilà que nous apercevons une autre foule qui venait à notre rencontre en chantant la Marseillaise.

Il y avait encore là des femmes, des enfants, des hommes à figure sinistre. Tous avaient des fusils, des sabres, des pistolets. Il y avait même des enfants qui portaient un fusil sur chaque épaule.

L'ouvrier était comme moi, il n'y comprenait pas

grand'chose. Il arrêta un des hommes qui, outre son fusil, portait à sa ceinture, attaché par une corde, un grand sabre de cavalerie, et il lui demanda d'où il venait.

— De Vincennes, répondit l'homme. On voulait encore faire des façons pour nous donner des armes; mais nous nous sommes passés de la permission.

Puis il ajouta en frappant sur son fusil :

— Et à présent, qu'on vienne me le reprendre,

— Oui, cria une femme débraillée qui portait deux fusils, qu'ils y viennent, les mouchards et toute la clique à Badinguet. D'ailleurs quand nous aurons bousculé les Prussiens, nous laverons notre linge sale. Vive la République !

— Eh bien, me dit l'ouvrier, vous voyez, tout le monde fera son devoir. Les femmes et les enfants marcheront aussi, et, si les Prussiens essayent d'entrer dans Paris, ils auront un rude quart d'heure à passer.

— C'est vrai, dis-je. Mais que signifie donc ce que disait cette femme : qu'après avoir bousculé les Prussiens, vous laveriez votre linge sale.

— Oh, dit-il, c'est qu'il y a joliment de questions à régler avant que nous ayons la liberté. Il y a la question du capital, qui exploite l'ouvrier, la question des propriétaires, qui se gobergent à ne rien faire pendant que les autres travaillent... Tenez, si vous avez le temps demain soir, venez me trouver ; je vous conduirai au club et vous entendrez parler de toutes ces affaires-là. Ça vous formera.

Quand nous fûmes arrivés dans une grande rue bien large qu'on appelle le boulevard, je remarquai que les personnes que nous rencontrions avaient l'air beaucoup plus tranquille que ceux que nous venions de quitter. On s'arrêtait devant de grandes affiches qui annonçaient la marche des Prussiens sur Paris ; on faisait des réflexions, on disait qu'il fallait se défendre ; mais on ne parlait plus de *laver le linge sale*. J'aimais mieux cela, quoique je ne susse pas bien ce que ça voulait dire ; et, comme je voyais tout le monde bien décidé à se battre, j'étais content.

Enfin nous arrivâmes sur une grande place au milieu de laquelle il y avait une énorme colonne en bronze, avec une statue au-dessus.

L'ouvrier me dit que c'était la colonne Vendôme, dont j'avais entendu parler si souvent par le capitaine Martin. En la regardant, je pensai qu'elle avait été fondue avec les canons que nos pères avaient conquis, au prix de leur sang, sur les ennemis de la France, qu'elle racontait l'histoire de cent victoires héroïques qui avaient immortalisé toute une génération, qu'elle était, surtout dans les malheureuses circonstances où nous nous trouvions, le symbole glorieux de ce que peut un grand peuple qui combat pour son indépendance, et je sentis les larmes me venir aux yeux.

Je regardais encore la colonne lorsque l'ouvrier me montra la maison où se trouvaient les bureaux de la place. Puis il me donna une poignée de main et me dit :

— Allons, faites vos affaires, et si vous pouvez, venez me trouver après-demain soir à six heures. Je vous conduirai au club. C'est là que vous apprendrez à connaître ce que c'est que la République.

Et il me quitta.

X

LE CLUB.

Il y avait beaucoup de soldats qui attendaient à la porte du bureau de la place. Il y en avait qui étaient en route pour rejoindre leur régiment au moment où ils avaient appris que toute l'armée était prisonnière, et ils venaient demander ce qu'il fallait faire ; d'autres qui étaient dirigés sur Metz, mais qui n'avaient pu passer, puisque le maréchal Bazaine était bloqué ; d'autres enfin qui, comme moi, s'étaient échappés de Sedan.

Quand mon tour arriva, on me fit passer dans une chambre où un capitaine était assis devant une table. Il me fit raconter mon histoire, qui avait l'air de beaucoup l'intéresser, parce qu'on ne savait guère à ce moment ce qui s'était passé à Sedan. Puis, quand j'eus fini, il me dit :

— Mon garçon, vous me paraissez intelligent; vous êtes blessé, par conséquent vous ne pouvez faire votre service avant quelque temps. Je vais vous mettre planton chez le général X... Vous y serez bien, et vous y resterez jusqu'à ce que vous soyez tout à fait guéri.

Il me donna alors un ordre pour aller me faire habiller à la caserne du Prince-Eugène, l'adresse du général X..., qui ne demeurait pas loin de là, et je m'en allai en le remerciant.

Le soir même, j'étais habillé et installé dans mon service de planton, qui n'était pas trop pénible ; car nous étions deux pour le faire. Comme cela, nous avions un jour de liberté sur deux. Nous couchions dans une écurie où étaient les chevaux du général.

Le lendemain soir, je m'arrangeai avec mon camarade pour être libre, car je désirais beaucoup voir un des clubs où on parlait politique. Je partis à 5 heures 1/2 du soir et je me dirigeai vers Belleville.

Dans la rue du Faubourg-du-Temple, je remarquai une vingtaine de personnes qui étaient arrêtées auprès d'un mur sur lequel il y avait une affiche. Je m'approchai et je lus :

RÉPUBLIQUE FRANÇAISE

LIBERTÉ, ÉGALITÉ, FRATERNITÉ.

« Le gouvernement de la défense nationale dé-
« crète :

« Art. 1ᵉʳ. Amnistie pleine et entière est accordée
« à tous les condamnés pour crimes et délits poli-
« tiques et pour délits de presse, depuis le 3 dé-
« cembre 1852 jusqu'au 3 septembre 1870.

« Art. 2. Tous les condamnés encore détenus, soit
« que les jugements aient été rendus par les tribu-
« naux correctionnels, soit par les cours d'assises,
« soit par les conseils de guerre, seront mis immé-
« diatement en liberté. »

« *Les Membres du gouvernement.* »

Quelques bourgeois, qui venaient de lire l'affiche, avaient l'air d'attacher à ce décret une importance que je ne comprenais pas trop. Ils causaient en secouant la tête ; mais je n'avais pas de temps à perdre pour me rendre chez mon ami l'ouvrier, et je continuai ma route.

Je trouvai M. Maurice Bornat (c'est ainsi que mon ami s'appelait) en train de fumer sa pipe devant la porte de sa maison.

— Ah ! vous voilà, dit-il, je vous attendais. Venez donc prendre un verre de vin en attendant. La réunion ne commence qu'à sept heures.

Nous entrâmes chez un marchand de vin à côté et nous nous assîmes à une table. A propos de marchand de vin, il faut que je vous dise que la chose qui m'a le plus étonné, c'est de voir, dans beaucoup de quartiers de Paris, et surtout dans celui qu'habitait M. Maucice, des marchand de vin, des débitants de liqueurs ou des cafetiers dans presque toutes les maisons. Je me suis toujours dit que, pour que tous ces gens-là pussent gagner leur vie, il fallait qu'on eût joliment soif à Paris. C'est peut-être le climat qui veut cela.

M. Maurice me fit raconter ce qui m'était arrivé depuis la veille ; et, quand il sut que j'étais à peu près libre, il me dit :

— Allons, tant mieux ; nous pourrons nous voir quelquefois. Vous m'avez plu aussitôt que je vous ai vu ; je veux faire de vous un républicain enragé. Vous rapporterez ça dans votre village... Vous savez, nous avons fait les élections aujourd'hui.

— Quelles élections? demandai-je.

— Nous avons nommé nos officiers et nos sous-officiers.

— Ah! c'est vous qui les nommez. Alors vous avez pris d'anciens militaires, des gens qui connaissent un peu le métier ?

— Le métier ! dit-il. Quel métier ? Est-ce qu'il est nécessaire d'avoir été soldat pour aller au feu ? Laissez donc. Nous avons pris pour chef de bataillon un journaliste, un républicain de vieille date, un pur enfin ; et il nous conduira mieux que tous vos porte-épaulettes. D'ailleurs, nous ne sommes pas des soldats, nous; et, si nos officiers ne marchent pas droit, nous les ferons marcher, je vous en réponds...

— Cependant, dis-je, il faut bien obéir à ceux qui commandent ; autrement, si chacun fait ce qu'il veut, on a beau être nombreux et braves, on n'arrive à rien de bon.

— Ta, ta, ta, dit l'ouvrier en riant. Est-ce que vous croyez que nous allons nous laisser mener comme des esclaves? Nous sommes en République, mon cher ami ; et, sous la République, on nomme des officiers pour la forme, mais tous les hommes sont égaux et libres.

Nous causâmes ainsi pendant quelque temps, mais j'avais beau faire, toutes les idées de mon ami, qui pourtant était un homme très-aimable, me déroutaient. Enfin, nous partîmes pour le club.

Nous arrivâmes bientôt devant une maison où il y avait beaucoup de monde de rassemblé : des hommes, des femmes, des enfants ; et je remarquai que presque tous portaient, sur la poitrine, une médaille de cuivre suspendue par un long ruban de laine rouge. Je demandai à mon ami ce que cela signifiait.

— C'est la médaille de Trochu, me dit-il.

— Du général Trochu ?

— Eh ! oui, du président du gouvernement, celui qui nous a promis de battre les Prussiens. Tout le monde l'adore ici. C'est son portrait qu'on a frappé sur ces médailles ; je vais en acheter une.

En effet, il s'approcha d'une vieille femme qui avait une corbeille devant elle et il revint bientôt avec une médaille suspendue à sa blouse.

Presque aussitôt les portes de la maison s'ouvrirent, et nous entrâmes dans une grande salle au bout de laquelle il y avait une table recouverte d'un tapis vert.

Trois hommes étaient assis près de la table. Celui qui était au milieu avait sur la tête un bonnet de laine rouge ; les deux autres étaient coiffés comme tout le monde ; ils avaient tous des papiers devant eux. A leur droite, on voyait une espèce d'estrade ; quelques bancs étaient dispersés dans la salle, mais presque tout le monde était forcé de rester debout. Enfin, par une porte qui était ouverte, à gauche, on apercevait des individus qui buvaient à un comptoir en zinc.

Quand nous fûmes arrivés, l'homme au bonnet rouge agita une sonnette, se leva, cria : *Vive la République !* et annonça qu'un citoyen, dont j'ai oublié le nom, allait prendre la parole.

L'orateur monta sur l'estrade et commença à parler.

Il dit que la France était enfin délivrée de la tyrannie qui l'avait déshonorée et abrutie pendant plus de vingt ans ; que l'ex-empereur était un misérable, un assassin ; qu'il s'était entendu avec les Prussiens pour les amener à Paris parce qu'il avait peur de la République ; mais que maintenant que la France était affranchie, elle allait faire voir aux tyrans ce que c'était qu'un peuple libre, et qu'il ne fallait de repos pour personne avant qu'on eût exterminé les Prussiens.

Ce discours fut beaucoup applaudi, et, pour mon compte, j'étais si content de voir qu'on pensait avant tout à battre les Prussiens, que je criai comme tout le le monde : Vive la France ! Vive la République !

Après celui-là, vint un autre orateur qui dit que l'empereur était une canaille (ils commençaient tous par là). Puis il dit que les sénateurs et les députés étaient des gredins, les généraux des traîtres, les juges des scélérats ; que tous ces gens-là suçaient le sang du peuple, le fusillaient ou l'envoyaient aux galères quand il voulait réclamer ses droits, et qu'il fallait exterminer tout ça aussitôt qu'on aurait battu les Prussiens.

Dès qu'il eut fini, une femme monta sur l'estrade. Elle dit que la religion n'était qu'un conte, fait pour tromper les enfants et les imbéciles ; qu'il n'y avait qu'un Dieu, la raison, qu'une religion, la liberté. Puis elle parla du mariage qui, disait-elle, n'était qu'une comédie ridicule. Elle prétendit que les hommes et les femmes devaient vivre comme ils l'entendaient et que les enfants devaient être élevés et nourris par la nation ; enfin qu'il fallait débarrasser les églises de toute la prêtraille et en faire des salles de club.

Quand elle descendit de l'estrade, un grand nombre de femmes l'applaudirent.

Il passa encore beaucoup d'orateurs sur l'estrade. Ils disaient que la révolution n'était pas encore commencée, qu'il fallait une révolution sociale, dans laquelle on supprimerait le capital, que la propriété devait être partagée, et cent choses du même genre.

Mais voilà que tout à coup nous entendons un bruit du diable à la porte, et nous voyons entrer une grande foule d'hommes, de femmes, d'enfants qui criaient : Vive Mégy ! Vive Eudes ! Vive Roussel !

En même temps, trois individus sont portés plutôt que conduits auprès du bureau du président, qui se lève et les embrasse. Alors toute la salle éclate en cris de joie, en trépignements ; on aurait dit que le plafond allait s'écrouler.

Quand il y eut un peu de repos, je demandai à

mon compagnon ce que c'était que ces trois hommes qu'on recevait avec tant de joie.

— C'est Mégy, Eudes et Roussel, me dit-il.

— Je m'en doutais, dis-je ; mais je ne suis guère plus avancé.

— Comment ! vous ne les connaissez pas ?

— Ma foi non.

— Ah ! décidément, mon cher, dit-il en riant, on dirait vraiment que vous arrivez de la Chine. Mégy, c'est un républicain enragé ; il a depuis longtemps conspiré contre l'Empire et il a brûlé la cervelle à un sergent de ville.

— Ah ! c'est vrai, interrompis-je. Je me rappelle maintenant. Mais je croyais qu'il avait été condamné à mort.

— Pardi, si Badinguet avait pu faire couper la tête à tous les républicains, il ne les aurait pas ratés.

— Et Eudes ? demandai-je.

— Eudes a tué, il y a un mois à peu près, un pompier qui ne voulait pas rendre son poste.

— Ah !

— Quant à Roussel, c'est un gaillard celui-là. Vous vous rappelez le procès des bombes.

— Quelles bombes ?

— Eh ! les bombes pour tuer l'empereur, parbleu !

— Oui, oui, j'y suis à présent.

— Eh bien, c'est Roussel qui les fabriquait.

— Mais, dis-je, on prétendait que ce Roussel n'existait pas, que c'était la police qui l'avait inventé pour faire peur aux honnêtes gens.

— Tiens! il fallait bien chercher dispute à la police, puisqu'on voulait la jeter à bas. Roussel existait si bien que le voici. Il demeurait à Ménilmontant, à côté du Père-Lachaise. Quand la mèche a été éventée, on l'a fait filer en Belgique, et le voilà revenu.

Cette fois, j'étais si indigné de voir applaudir et embrasser des gens comme ceux-là, que je dis tout haut :

— Et le gouvernement souffre que ces hommes se promènent dans les rues ; qu'on les applaudisse!... Des assassins !

— Silence donc, malheureux! me dit le citoyen Maurice. Vous allez vous faire écharper si vous parlez comme ça. Mégy et Eudes ont tué quelqu'un, c'est vrai. Roussel n'a pas tué parce qu'il n'a pas pu ; mais toutes ces affaires-là c'était de la politique, et on n'est pas assassin pour ça. Vous le voyez bien, puisque la première chose que le gouvernement a faite est d'amnistier tous ceux qui avaient été condamnés pour politique sous l'Empire.

— C'est vrai, dis-je en me rappelant le décret que j'avais lu le soir même dans la rue du Faubourg-du-

Temple. Mais, que le gouvernement pense ou ne pense pas que ces gens-là sont innocents; moi, je trouve qu'ils sont des assassins, et je ne veux pas rester ici pour les voir porter en triomphe.

— Comment! vous partez. Vous ne voulez pas les entendre parler?

— Non, non. J'en ai assez de les avoir vus.

— Allons, dit-il, vous avez encore de drôles d'idées. Ça vous vient du corps de garde, et j'aurai de la peine à vous rendre républicain; mais je n'y renonce pas. J'irai vous voir un de ces jours.

— Ce sera avec plaisir pour moi. Adieu.

Et je quittai le club au moment où Mégy venait de monter sur l'estrade, au milieu d'applaudissements et de cris à faire tomber la salle.

J'étais réellement furieux. Comment, me disais-je en regagnant mon logis, c'est là ce qu'on entend par le mot République!

Depuis deux jours que je suis ici, dans ce Paris qui prétend être la ville la plus intelligente de la France, j'ai vu les gens se réjouir au moment où un désastre épouvantable aurait dû mettre toute la patrie en deuil. J'ai vu des malheureux n'ayant commis d'autre crime que d'avoir assuré la tranquillité publique, insultés, traînés dans la rue et menacés d'une mort horrible, quand des assassins étaient portés en triomphe. J'ai entendu nier Dieu, la famille, la propriété, les lois, la justice, et tout cela au nom de la liberté.

Ah! c'est ce que ces gens-là appellent la révolution sociale; c'est ce qu'ils appellent laver leur linge sale! Mais, quand ils auront tout démoli, que mettront-ils donc à la place?

Non, ces individus sont des fous ou des misérables. La liberté, dont ils ont toujours le nom à la bouche, ne peut pas avoir pour résultat de nous ramener au rang des animaux, de nous mettre au-dessous des sauvages qui respectent au moins une divinité, des lois, qui élèvent et aiment leurs enfants.

Ah! nous n'entendons rien à la politique, nous autres paysans. Nous sommes des espèces d'idiots, de machines bonnes pour travailler la terre, mais incapables de comprendre le progrès comme on le rêve ici. Eh bien, tant mieux! Nous croyons à Dieu, nous aimons nos enfants, nous respectons ce qui appartient à nos voisins, nous comprenons qu'il faut des gens pour arrêter les voleurs et les assassins, parce qu'il y en aura toujours. J'aime mieux cette bonne vieille routine que le progrès du club. On ne me verra plus dans des assemblées pareilles.

Le lendemain, j'eus encore un moment de colère,

quoique je me fusse bien promis de ne plus m'étonner de rien.

J'avais été porter une lettre dans la rue du Bac, qui se trouve de l'autre côté de la Seine, et j'étais entré dans un bâtiment magnifique qu'on m'avait dit être les Tuileries, lorsqu'en regardant toutes les belles sculptures qui sont dans la grande cour, je vis des individus, montés sur des échafaudages, qui démolissaient à coups de marteau les statues de l'empereur, les écussons et les aigles.

Personne ne leur disait rien ; on les laissait faire, comme si c'était une chose toute naturelle. D'ailleurs on me dit plus tard que c'était l'habitude toutes les fois qu'on changeait de gouvernement.

Ainsi, des travaux qui ont coûté des sommes considérables, qui sont quelquefois des merveilles, parce que les hommes les plus habiles les ont faits en y employant une partie de leur vie, sont démolis parce que le gouvernement a changé! Mais des enfants n'agiraient pas autrement. Est-ce que, parce qu'on cassera la tête à toutes les statues de l'empereur Napoléon Ier, on empêchera l'histoire de dire qu'il a conduit ses armées dans toute l'Europe? est-ce que, parce qu'on démolira le Louvre, on empêchera nos enfants de savoir que Napoléon III a régné pendant vingt ans ?

10.

Laissez-donc toutes ces démolitions qui font pitié. Si le gouvernement qui a renversé l'autre veut prouver qu'il vaut mieux, il n'y a qu'un moyen, c'est de tâcher d'éviter ses fautes et de respecter ce qu'il avait de bon.

Voilà ce que je me disais tout bas, car je n'osais plus faire connaître mes idées à personne. Le club m'avait guéri de cette habitude et je craignais de passer pour un sot.

Pourtant j'étais devenu tout triste, ma blessure n'allait pas bien, enfin j'avais peur de tomber malade, lorsque heureusement je reçus une lettre de mon père, à qui j'avais écrit aussitôt en sortant du bureau de la place.

Cette lettre me fit beaucoup de bien, parce que mon père et le capitaine Martin me disaient qu'ils n'avaient pas encore perdu courage malgré nos malheurs, qu'ils croyaient que Paris se défendrait bien, pendant que la province s'organiserait pour aller à son secours.

Ils trouvaient, eux aussi, qu'on avait eu tort de faire une révolution dans un moment pareil, mais que tous les bons Français devaient éviter de compliquer notre position, qui était déjà si triste, et se réunir autour du gouvernement, quel qu'il fût, qui promettrait de sauver la France.

En finissant, le capitaine Martin me disait :
« Puisque tu es à Paris, André, va voir de ma part M. Moreau, qui demeure boulevard du Prince-Eugène, n°... C'est un de mes vieux amis, qui a aussi un fils militaire. Je lui annonce ta visite. Il te recevra bien et te donnera de bons conseils. »

Les nouvelles de mes sœurs et de Catherine étaient très-bonnes.

Une lettre qui me fit bien plaisir était celle que m'écrivait le bon M. Donier, le paysan belge qui m'avait si bien traité après la bataille de Sedan.

Il me répondait que lui, sa femme et le petit Jacques étaient bien heureux de voir que j'étais arrivé en bonne santé à Paris et que ma blessure allait bien.

Il me disait qu'il avait encore chez lui la femme malade et son enfant, auxquels les autres Français avaient donné mes 60 francs, parce qu'elle était la plus malheureuse et qu'elle n'avait plus son mari, qui avait été tué à Bazeilles ; que d'ailleurs la misère de tous les pauvres fugitifs commençait à être moins terrible, qu'on leur avait trouvé des logements, et qu'une société anglaise, qu'on appelait la *Société du Pain*, leur donnait à manger.

Ces deux bonnes lettres et une revue que je vis passer sur les boulevards à peu près à la même époque me firent un peu oublier les choses que j'avais vues et entendues au club.

La revue dont je veux parler était passée par le général Trochu. Toute la garde nationale de Paris, les gardes mobiles de la Seine et de plusieurs autres départements étaient rangées le long des boulevards, depuis la colonne de la Bastille jusqu'en dehors de Paris, à un endroit qu'on appelle le pont de Neuilly.

On disait qu'il y avait là plus de 400,000 hommes. Tous n'étaient pas encore habillés, mais ils avaient des fusils qui brillaient au soleil, ils chantaient la *Marseillaise, le chant du Départ* et d'autres chansons patriotiques, ils criaient Vive la France ! Vive la République ! Ça remuait le cœur de voir l'enthousiasme de tout ce monde qui jurait de défendre jusqu'à la mort la capitale de la France. C'était si beau que je ne pouvais m'empêcher de pleurer.

Après la revue, les hommes s'abordaient tout joyeux. On disait que les Prussiens approchaient de Paris, mais que toute la province allait se lever pour venir à son secours ; que Bismark voulait nous prendre l'Alsace et la Lorraine, mais qu'on ne lui céderait *ni un pouce de notre territoire ni une pierre de nos forteresses ;* que la levée en masse allait, comme sous la première République, écraser les Prussiens ; que le général Trochu avait un plan magnifique.

Enfin quelques hommes avaient tant de confiance qu'ils parlaient encore d'aller à Berlin. En attendant, on fondait des canons, on fabriquait des fusils, on organisait les bataillons, et, tous les jours, une grande foule allait porter des couronnes d'immortelles autour de la statue de Strasbourg, ville qui résistait avec courage au bombardement des Prussiens.

Ah ! ceux qui ont vu Paris à cette époque n'oublieront jamais cela. C'était beau, admirable. On voyait bien que le patriotisme n'était pas mort en France, comme le disaient les Prussiens ; on reconnaissait dans ces gardes nationaux qui acceptaient, sans se plaindre, la ruine de leur commerce, les privations d'un siége, les dangers du champ de bataille, les fils des braves qui avaient rempli le monde de notre gloire. C'étaient des Parisiens, ceux qui juraient de se défendre, ceux qui criaient Vive la France ! ceux qui portaient tout émus des couronnes à la statue de Strasbourg ; s'ils n'ont pas sauvé le pays, c'est qu'on ne pouvait pas le sauver avec des armées de bourgeois qui n'ont aucune habitude du métier militaire ; mais ce n'est pas le courage qui leur a manqué.

Il y avait des lâches parmi eux, parce qu'il y en a toujours dans une grande ville ; mais, je l'ai vu plus tard, ces lâches, c'étaient ceux qui ne voulaient plus de Dieu, plus de famille, plus de justice ; qui déchiraient les malheureux sergents de ville, qui embrassaient les assassins ; ceux enfin qui, plus tard, ont pillé et brûlé Paris, qui ont achevé notre ruine et nous ont déshonorés.

Ceux-là n'étaient pas des Parisiens, ils n'étaient pas dignes d'être Français. C'étaient des misérables qui ne croyaient même pas à la patrie. Quand la guerre avait commencé, ils avaient crié Vive les Prussiens ! et ils avaient été heureux de nos désastres parce qu'ils leur permettaient de faire une révolution. Pendant le siége, ils ont voulu en faire une autre qui nous aurait fait écraser au moment où il y avait encore de l'espoir. Après la paix, ils ont appelé les Prussiens leurs frères, et les seuls coups de fusil qu'ils aient eu le courage de tirer, ils les ont tirés contre des Français.

XI

LA FAMILLE MOREAU.

Quelques jours après la revue dont je viens de vous parler, les Prussiens étaient arrivés à Paris, et, malgré tous les petits combats que leur livrait la ligne, ils nous entouraient si bien qu'on ne pouvait plus recevoir de nouvelles de la province.

Alors les Parisiens eurent une idée qu'on n'avait jamais eue nulle part, même à Metz. Ils fabriquèrent de grands ballons dans lesquels montaient deux ou trois hommes qui prenaient avec eux des dépêches, des lettres et des pigeons qu'on appelle voyageurs parce qu'il paraît que, quand on les emporte loin de leur colombier, ils y reviennent dès qu'ils peuvent s'envoler.

Ces pigeons devaient nous rapporter des nouvelles de ce qui se passait en France; et, chaque fois qu'il en revenait un, le gouvernement faisait afficher ce qu'on lui disait.

Ce qui faisait bien plaisir aussi, c'était que tout le monde pouvait écrire en province et envoyer sa lettre par les ballons. On ne pouvait malheureusement pas recevoir de réponse parce que les pigeons ne portaient que des dépêches du gouvernement ; mais on disait qu'au moins la famille se consolerait un peu en lisant votre lettre, et, quand on voyait passer dans le ciel un ballon qui s'en allait bravement au-dessus des Prussiens, sans même savoir où le vent le conduirait, on était bien reconnaissant envers les braves gens qui étaient dans sa nacelle.

Il paraît que les Prussiens enrageaient de voir que, malgré toute leur armée, la France et Paris arrivaient à correspondre; aussi ils tiraient sur tous les ballons qui passaient à leur portée, et on apprenait trop souvent qu'ils en avaient pris quelques-uns.

Une vingtaine de jours après celui où on avait appris que Paris était bloqué, j'allai chez M. Moreau, de la part du capitaine Martin.

Quand j'eus dit mon nom à une vieille servante qui m'avait ouvert la porte, elle me conduisit bien vite dans une chambre où se trouvaient trois personnes. Les deux plus âgées étaient M. Moreau et sa femme; la plus jeune, qui était une jolie demoiselle de dix-huit ou vingt ans, était leur fille.

Je fus si bien reçu, que j'étais tout honteux de voir qu'on me traitait tout à fait comme un ancien ami, moi qui n'étais qu'un pauvre paysan.

On me garda presque par force à dîner ; et, après m'avoir beaucoup parlé du capitaine Martin, qui, à ce qu'il paraît, lui avait dit beaucoup de bien de moi, le père me fit raconter ce qui s'était passé à la guerre.

Tout le monde m'écouta avec beaucoup d'attention ; mais quand j'arrivai à la mort de mon commandant et du sergent Deligny, je vis la mère et la jeune demoiselle se cacher la figure en pleurant. Le père lui-même pencha la tête sur sa poitrine, et, quand il la releva, il avait les yeux tout rouges.

Je m'étais arrêté. M. Moreau prit la main de sa fille et lui dit d'une voix si triste qu'elle me remua le cœur :

— Marie, emmène ta mère, mon enfant. Console-la. Tout espoir n'est pas perdu ; nous reverrons notre pauvre Charles.

La jeune demoiselle embrassa son père ; puis elle essuya ses yeux, et, prenant sa mère sous le bras, elle la conduisit dans une autre chambre.

Quand nous fûmes seuls, M. Moreau m'expliqua pourquoi mon histoire avait fait tant de peine à tout le monde.

Il avait un fils, un jeune homme qui était sorti de l'école de Saint-Cyr depuis une dizaine d'années. Il était capitaine, bon, honnête, instruit. Il aimait ses vieux parents et sa sœur à l'adoration.

A la bataille de Sedan, un obus lui avait emporté une jambe.

On n'avait appris ce malheur que par une lettre arrivée le jour même où Paris avait été bloqué, et les pauvres parents n'avaient même pas eu la consolation de pouvoir aller soigner leur fils.

C'était le capitaine lui-même qui avait écrit. Il disait qu'il allait bien, qu'il se guérirait; mais c'est une chose si terrible qu'une amputation qu'on ne peut jamais répondre de rien avant un mois au moins.

— De sorte que, me dit en finissant M. Moreau, nous menons une existence épouvantable. Ma femme et ma fille passent des nuits affreuses; elles voient notre pauvre enfant mort, que l'on jette, avec d'autres malheureux, dans une fosse sur laquelle nous ne pourrons même pas aller le pleurer; elles ont des cauchemars tellement horribles que leur santé s'en ressent, et que moi, dont le cœur est déchiré, moi, qui souffre autant qu'elles, je suis obligé de cacher mes larmes et de leur donner un espoir que bien souvent je n'ai plus.

Cette douleur si grande et si naturelle me fit beaucoup de peine. Je regrettais d'avoir parlé de la guerre, et je me disais qu'il valait peut-être mieux ne plus revenir dans une maison où ma présence devait forcément réveiller des souvenirs aussi pénibles ; mais M. Moreau, qui devinait ce que je pensais, me fit comprendre que j'avais tort.

Il me dit qu'il fallait au contraire revenir chez lui le plus souvent possible, que nous parlerions ensemble du capitaine, et que cela rendrait un peu d'espoir à sa femme et à sa fille. Enfin, comme je voyais qu'il pensait ce qu'il me disait, je me consolai un peu d'avoir fait pleurer tout le monde. D'ailleurs, Mme Moreau et sa fille, qui rentrèrent bientôt, me répétèrent tout à fait les mêmes choses.

Après dîner, il vint un jeune homme habillé en garde national, qui, après avoir embrassé Mme Moreau et avoir cherché à consoler Mlle Marie, en disant que bientôt on pourrait recevoir des nouvelles de la province par des hommes qui traverseraient, en se cachant, les lignes prussiennes, se mit à causer de la guerre avec M. Moreau.

— Eh bien, Adolphe, où en est-on pour l'organisation des bataillons de marche de la garde nationale ? lui demanda M. Moreau.

— Ça va très-bien mon oncle, répondit le jeune homme. On prépare le travail, et, dans quelque temps, on pourra nous envoyer aux avant-postes.

Tout le monde est plein d'enthousiasme, beaucoup d'hommes qui pourraient rester dans les compagnies sédentaires demandent à marcher. C'est vraiment beau, et vous verrez que nous ferons notre devoir.

En ce moment, je regardais Mlle Marie ; je la vis pâlir et détourner la tête.

M. Adolphe s'en aperçut. Il alla s'asseoir près d'elle et lui dit en lui prenant les mains :

— Marie, ne crains rien, il ne m'arrivera pas malheur. Mais tu ne voudrais pas que ton cousin, qui t'aime et qui doit bientôt être ton mari, eût peur quand il s'agit de sauver la France. Que dirait notre pauvre Charles, quand il rentrera avec sa glorieuse blessure qui le rendra l'objet du respect de tous les hommes de cœur, s'il apprenait que, parce que je t'aime, j'ai déserté mon devoir ? Il dirait que je suis un lâche ; il ne voudrait plus serrer ma main, et tu ferais comme lui ; tu me mépriserais.

La jeune fille pleurait. Enfin elle essuya ses yeux et dit :

— C'est vrai, Adolphe, tu as raison, pardonne-moi ; la sœur de Charles ne peut épouser qu'un homme de cœur. Dieu nous a déjà bien éprouvés ; il aura pitié de nous.

Et elle se jeta dans les bras de sa mère.

— Et le gouvernement que fait-il? demanda M. Moreau, pour changer la conversation.

— Le gouvernement prépare tout pour la résistance. Il va envoyer Gambetta en province pour organiser la levée en masse; mais en même temps, quand il a vu ses propositions de paix repoussées par la Prusse, qui ne veut pas traiter sans qu'on lui abandonne l'Alsace et la Lorraine, il a chargé M. Thiers d'aller exposer la situation aux différentes puissances de l'Europe et d'obtenir leur secours ou leur médiation, si cela est possible.

— Thiers est un grand patriote, dit M. Moreau. C'est le seul homme que la France puisse charger d'une semblable mission. Mais, quoiqu'on l'estime beaucoup à l'étranger, l'Europe ne fera rien pour nous.

— Pourquoi donc, mon oncle?

— Parce que notre gouvernement est encore le produit d'une émeute, qu'il est le résultat de la violence exercée, au mépris de tous les droits, par une minorité ambitieuse sur l'immense majorité des Français; parce que les autres gouvernements se fatiguent de ces bouleversements périodiques qui portent le trouble dans toute l'Europe, qui excitent les mauvaises passions et qui finissent par menacer la société elle-même.

—Oh ! mon oncle, dit le jeune homme, comme vous traitez sévèrement la révolution du 4 septembre.

— Plus tard, Adolphe, tu la jugeras peut-être plus sévèrement que moi, dit M. Moreau. De quel droit, en effet, les hommes qui nous gouvernent aujourd'hui sont-ils venus, eux qui ne parlent que de droit, de justice et de liberté, imposer leur volonté au reste de la France ?

L'Empire était un gouvernement méprisable, disent-ils. Je ne sais pas pourquoi, mais je l'admets. Il s'était imposé par la force. Admettons encore. Mais, quelque vicieux que pussent être son origine et ses principes, il avait pour unique juge le suffrage universel, et non une poignée d'avocats aux phrases creuses et ronflantes.

Les voilà aujourd'hui au pouvoir ces grands politiques, ces pontifes de la liberté. Que vont-ils faire? Leur origine est-elle plus pure que celle de l'Empire ? Non, car c'est l'émeute qui les a élevés. Ils n'ont pas rougi de faire une révolution quand la France était envahie par l'étranger. Ils se sont appuyés depuis vingt ans sur tout ce que la France renferme d'êtres déclassés, d'ambitieux éhontés, de misérables qui ne peuvent assouvir leurs passions qu'à la faveur du désordre.

Eh bien, cette meute, qu'ils ont déchaînée, hurle déjà à leurs talons. Elle les dévorera. Ils ont prêché la révolte et maintenant ils se figurent qu'ils vont enrayer la machine. Folie! ils ne sont qu'un marche-pied, qu'une étape vers le chaos que les orateurs de club décorent du nom de Révolution sociale.

Acclamés aujourd'hui, il seront traînés dans la boue demain.

Si encore ces hommes devaient seuls périr dans le naufrage, je ne les plaindrais pas, car ils sont de grands criminels; mais c'est la France qui suppor-tera tout le poids de leur crime; la France, au nom de laquelle ils prétendent agir, et qu'ils traitent en tyrans éhontés; la France enfin qu'ils tremblent de consulter sur leur gouvernement, parce qu'ils pré-voient une réprobation universelle.

Dès le commencement de cette conversation, j'écoutais chaque parole avec la plus grande atten-tion; j'espérais y trouver l'explication de bien des choses qui m'avaient étonné depuis mon arrivée à Paris. Je cherchais à graver tout dans ma mémoire.

— Allons, mon oncle, dit le jeune homme en sou-riant, vous avez des préventions contre la Répu-blique.

— Contre la République! reprit M. Moreau. Non, Adolphe. Je n'ai de préventions contre aucune forme de gouvernement; mais je ne me paye pas de mots, comme on est malheureusement trop habitué à le faire à Paris. Sur cent individus qui aujourd'hui crient : Vive la République ! dans cette ville qui se répète tous les jours, avec une conviction profonde, qu'elle est la plus intelligente de l'univers, il y en a quatre-vingt-dix-neuf qui seraient bien embarrassés d'expliquer ce qu'ils veulent dire. C'est un mot qui les grise, qui les rend fous.

La République est pour la plupart le mot qui résume toutes leurs aspirations les plus folles, tous leurs désirs les plus impossibles. Ils croient qu'avec la République on peut supprimer toutes les misères dont une société, aussi perfectionnée qu'elle soit, ne peut jamais s'affranchir. Le pauvre y voit la richesse; le déclassé la réhabilitation; le paresseux la suppression du travail; l'ambitieux la puissance.

Eh bien, moi, je soutiens une chose; c'est qu'un gouvernement, qu'il s'appelle royauté, empire, république, le nom n'y fait rien, est seulement bon et légitime en France quand il est basé sur le suffrage universel. Tout autre gouvernement, quelque pompeux que soit le nom dont on le décore, est une tyrannie, parce qu'il n'est pas sanctionné par la majorité de la nation et qu'il n'est que l'expression d'une coterie.

Quant aux bienfaits que la République doit nous

apporter dans les plis de sa robe, pourrais-tu me dire, toi, qui es un homme intelligent, s'ils n'étaient pas possibles avec la dernière constitution de l'Empire ?

Il faudra bien que, tôt ou tard, les tyrans au petit pied qui trônent à l'Hôtel-de-Ville en viennent à faire des élections. Alors qu'aurons-nous? Le suffrage universel pour nommer des représentants ; des lois faites par ces représentants et par conséquent par la France; un président qui n'aura d'autre rôle que de promulguer les lois, sans pouvoir les modifier. Voilà tout. Et tout ce que la France aura gagné, c'est que son chef ne sera plus un Napoléon, et qu'il ne s'appellera pas empereur... Des questions de mots ou de personnes, des enfantillages pour lesquels Paris aura encore une fois violenté le reste de la nation et éloigné de nous les puissances qui nous étaient sympathiques.

— Peut-être avez-vous raison, mon oncle, dit le jeune homme, mais il y a une chose que vous ne pouvez nier, c'est que, depuis la proclamation de la République, toute la France est unanime pour la résistance à outrance. Si l'Empire ou une monarchie quelconque eussent régné, vous n'auriez jamais rencontré le même enthousiasme, la même abnégation,

— Ah! je t'attendais là, dit M. Moreau. Ce que tu dis est vrai, malheureusement vrai, et c'est ce qui fait notre honte. Mais sais-tu pourquoi la révolution du 4 septembre nous a donné pour accomplir notre devoir cette unanimité que tu admires? C'est parce que la population sage, celle qui, il y a quelques mois, votait pour l'Empire, non parce que c'était l'Empire, mais parce que c'était la paix intérieure et le règne du suffrage universel, cette population, dans l'épouvantable crise que nous traversons, sait faire taire toute considération devant l'intérêt de cette chose sacrée qu'on appelle la patrie. On l'a prise à la gorge pour lui imposer une nouvelle forme de gouvernement; on lui a dit : Si vous ne l'acceptez pas, c'est la guerre civile en face de l'invasion étrangère. Alors elle s'est soumise, elle a préféré subir la loi d'une minorité sans scrupules que de déshonorer la France. Elle donnera son sang, ses trésors, tout aux gens, quels qu'ils soient, qui promettent de sauver notre honneur; elle fera ce que doit faire tout homme de cœur quand il s'agit du pays.

Crois-tu que la plupart des gens qui, dans la nuit du 4 septembre, hurlaient Vive la République! à la porte du Corps législatif étaient capables d'un si noble sacrifice? Non, la plupart n'ont que des rancunes ou de l'ambition; ils n'ont pas de patrie. Au début de la guerre, quand déjà les armées étaient en présence, ils criaient tout haut leurs sympathies pour les Prussiens; après nos premières défaites, ils ne songeaient qu'à une chose : renverser l'Empire. Aujourd'hui ils ont la République; ils ne sont pas satisfaits. Ils parlent de la Révolution sociale.

— Oh! mon oncle, dit le jeune homme, je crois que vous vous trompez. Jusqu'à la fin de la guerre, du moins, jusqu'à ce que l'étranger ait évacué notre sol, vous aurez la paix intérieure. Une révolte serait un crime sans nom.

En ce moment nous entendîmes de grands cris sur le boulevard. M. Moreau courut à la fenêtre, qu'il ouvrit, et nous sortîmes sur le balcon.

Nous vîmes alors une bande interminable d'hommes armées qui suivait le milieu de la chaussée. En tête, monté sur un cheval, était un individu d'une trentaine d'années avec une casquette de colonel.

On criait : Vive la Commune! Vive la Commune! Vive Flourens!

C'était un bruit formidable qui faisait trembler les vitres. Les hommes frappaient sur leurs fusils d'un air menaçant; ils agitaient leurs casquettes en l'air;

leurs cris résonnaient comme un long mugissement entre les murailles du boulevard. Dans presque toutes les maisons, des femmes, pâles, effarées, fermaient précipitamment leurs fenêtres.

Enfin cette espèce de fleuve humain passa. On n'entendit plus que les cris éloignés de : Vive la Commune ! On ne vit plus que le nuage de poussière que les pieds avaient soulevé.

M. Moreau se tourna alors vers son neveu qui s'était accoudé tristement au balcon.

— Eh bien ! dit-il, que disais-je tout à l'heure? Tu le vois, le gouvernement de la défense nationale est déjà usé.

La queue de la Révolution pousse la tête. Et les Prussiens viennent d'arriver à nos portes !

C'est Flourens qui guide la bande qui vient de passer; Flourens, qui avait fui à la suite d'une tentative de révolution; Flourens, que les hommes vertueux du 4 septembre ont eux-mêmes nommé chef de légion.

Le jeune homme secoua la tête.

— Ces gens qui viennent de passer sont des misérables, dit-il, je l'avoue. Ils n'ont pas honte de créer des embarras à la France au moment où elle agonise.

— Et qu'ont fait les autres, ceux qu'ils veulent

renverser? répondit M. Moreau en fermant la fenêtre, ils ont crié Vive la République! ceux-ci crient Vive la Commune! Voilà toute la différence.

Puis il murmura :

— Pauvre pays, pauvre France!

Nous étions tous consternés de ce que nous venions de voir. Chacun sentait que M. Moreau venait de nous dire de grandes vérités et que cette Révolution, dont les chefs étaient si fiers parce qu'elle n'avait pas coûté une goutte de sang, n'était pas finie.

Personne ne parlait plus. Enfin M. Moreau s'adressa de nouveau à son neveu.

— Tu disais tout à l'heure, demanda-t-il, que Gambetta allait partir pour la province, afin d'y organiser la levée en masse?

— Oui, mon oncle, répondit le jeune homme.

— Et il emmène probablement avec lui un général exprimenté, quelqu'un enfin qui soit rompu aux choses de la guerre?

— Je ne crois pas. Je n'en ai pas entendu parler.

— Ah! c'est lui qui va débrouiller tout ce chaos, dit M. Moreau en souriant amèrement. C'est vraiment merveilleux de voir l'aveuglement avec lequel on se jette à corps perdu dans les bras du premier venu. Voilà Gambetta, un avocat ignoré hier, un homme dont toute la science se résume jusqu'à présent dans la découverte dn mot *irréconciliable* (une monstruosité, parce que sa traduction en langage ordinaire est : *lutte sans trêve ni merci contre le gouvernement établi, quelque bien qu'il puisse faire; lutte à outrance, la France dût-elle périr, jusqu'à ce que le mot Empire soit rayé et remplacé par celui de République*), voilà donc cet homme qui tout à coup va gouverner la France dans le moment où, plus que jamais, elle aurait besoin d'un homme de génie ou tout au moins d'une expérience consommée.

Il va créer des armées; il les commandera peut-être, car ce n'est pas par la modestie que péchent nos gouvernants d'aujourd'hui ; et, quand son incapacité absolue sera démontrée, la France sera morte.

D'ailleurs, confirma M. Moreau après un silence, cette levée en masse, qui a toujours été le cheval de bataille des apôtres de la liberté, veux-tu que je te dise ce que j'en pense? C'est une folie à l'époque où nous sommes.

Comment! nous avons devant nous une armée formidable, aguerrie par vingt batailles, fortifiée par une discipline inflexible, commandée par des chefs expérimentés, et, vous croyez la vaincre avec des bandes levées à la hâte, mal armées, car nos arsenaux sont vides, rebelles à toute discipline, car les gens qui nous gouvernent ont sapé pendant vingt ans les idées de subordination militaire, et commandée par des chefs improvisés !

Non, Adolphe, la lutte est insensée. Les dévouements les plus sublimes échoueront devant la réalité des choses. Je ne suis pas militaire, mais je ne crois pas qu'on puisse improviser des armées en face d'un ennemi aussi puissant que le nôtre. Tout ce qu'on peut faire, c'est de lui opposer des troupeaux d'hommes.

— Savez-vous, mon oncle, dit le jeune homme en souriant que vous, qui, je le sais, êtes un vrai patriote, vous émettez des idées qui seraient capables de décourager les moins timides ?

— Aussi, reprit M. Moreau, je me garderais bien de les exposer en public. Je parle devant toi et notre jeune ami M. André, qui ferez, j'en suis sûr, votre devoir quand même, comme je le ferai moi-même, tout vieux que je suis, si l'occasion s'en présente. Tant que la France n'aura pas traité, un homme de cœur doit combattre, fût-il certain d'être vaincu.

Et puis, ajouta-t-il en finissant, qui sait ?... Dieu veuille que je me trompe, et que ces hommes sauvent la patrie au lieu de l'épuiser au point de rendre toute revanche impossible !

Sur ces paroles, je me levai et je pris congé de toute la famille Moreau en promettant de revenir le plus souvent possible.

XII

LE TRENTE ET UN OCTOBRE.

Deux jours après, j'eus la visite de M. Maurice Bornat, l'ouvrier de Belleville.

— Je voulais venir vous voir hier, me dit-il, mais nous avons eu les élections. Ça m'a pris toute ma soirée.

— Quelles élections? demandai-je.

— Eh! les élections pour nos officiers, parbleu!

— Mais vous m'aviez dit qu'elles étaient faites.

— Faites, oui; mais on les a recommencées. C'est la troisième fois depuis le 4 septembre.

— Tiens, dis-je, il paraît que vous vous dégoûtez vite de vos chefs.

— Avec ça qu'il n'y a pas de quoi! Figurez-vous que tous ces gens-là vous promettent un tas de choses quand ils veulent se faire nommer, et, pas plutôt qu'ils ont des galons, absent. Ils posent comme le général Boum, ils veulent donner des ordres; ça fait pitié. Enfin croiriez-vous que le concierge de ma maison, que nous avions nommé capitaine, ne voulait plus nous tirer le cordon !... Aussi hier, dégommé, mon bon.

— Alors, lui demandai-je, vous avez le droit de recommencer les élections quand vous voulez.

— Oui, en prévenant la place quelques jours avant ; mais nous sommes en République, que diable ! et on ne prévient personne. A propos de République, vous savez que tout ce gouvernement de la défense nationale n'est composé que de poules mouillées qui passent leur temps à pleurnicher comme Jules Favre chez Bismark, et qu'ils ne font rien de bon. On va balayer tout ça et le remplacer par *la Commune*.

— Ah ! dis-je, j'ai entendu, en effet, crier Vive la Commune !

Vous me feriez bien plaisir en me disant ce qu'on entend par là.

— La Commune, dit-il, la Commune ? Comment ! vous ne savez pas ce que c'est ?

— Ma foi non.

— Eh bien ! mon cher, la Commune, c'est..... c'est tout simple... il y a Flourens, Blanqui, Félix Pyat...... On battra les Prussiens... et..... et..... Tenez, je suis pressé. Au revoir.

— Allons, pensai-je en le voyant se sauver, en voilà un qui a beau crier Vive la Commune ! il n'est guère plus avancé que moi.

Cependant une *manifestation* (c'est ainsi qu'on appelait les promenades armées comme celle que j'avais vue du balcon de M. Moreau) eut encore lieu le 9 octobre en faveur de cette fameuse Commune; et, sans les précautions qu'on avait prises, le gouvernement de la défense nationale aurait été enlevé.

Ça déchirait le cœur de penser qu'il y avait des gens qui ne pouvaient pas se tenir tranquilles quand Paris était assiégé et que tous les habitants raisonnables souffraient avec tant de patience les privations les plus dures.

Dès le commencement, on avait rationné la viande. La volaille, les œufs manquaient. On trouvait bien encore des légumes sur les marchés, mais on les vendait si cher qu'il n'y avait que les gens très-riches qui pouvaient en manger.

Eh bien! savez-vous d'où venaient ces légumes? Ils venaient des environs de Paris. Des bandes de maraudeurs allaient tous les jours piller les champs qui se trouvaient sous le canon des forts. Ils rapportaient dans Paris les légumes qu'ils avaient volés, et ils les vendaient à prix d'or.

J'aurais cru que le gouvernement aurait empêché ces vols. C'était bien facile, puisque les maraudeurs ne pouvaient entrer que par les portes, qui étaient gardées. Mais, au lieu de faire ramasser lui-même les légumes et de les faire vendre à un prix raisonnable, pour que tout le monde pût en avoir, il laissait faire les maraudeurs. On aurait dit qu'il avait peur d'eux.

Pour avoir un peu de viande de cheval, en la payant, des gens qui, avant le siége, avaient une petite aisance, étaient obligés de se mettre des nuits entières à la queue qu'on faisait à la porte des bouchers.

Cependant on n'entendait aucune plainte chez ces braves gens ; ceux qui se plaignaient, c'étaient presque toujours ceux qui, sous prétexte de pauvreté, recevaient des bons gratuits du gouvernement, et qui, en sortant de déjeuner, criaient : Vive la Commune !

Je lisais quelquefois les journaux. J'y voyais des choses bien extraordinaires. Les uns ne parlaient que des crimes de l'Empire et des vertus du nouveau gouvernement ; les autres parlaient aussi des crimes de l'Empire, mais ils disaient que le gouvernement de la défense nationale n'était bon à rien. Presque tous criaient que les armées qui avaient combattu à Wissembourg, à Frœschwiller, à Metz, à Sedan étaient composées d'esclaves abrutis par l'Empire, tandis que celles qui étaient levées par la défense nationale étaient les armées de la liberté et qu'elles faisaient trembler les Prussiens.

En attendant, les vivres diminuaient, l'ennemi approchait jusque sous le canon des forts, et des légions entières de soldats de la liberté ne pensaient qu'à faire une nouvelle révolution.

Tout cela était bien triste, et quand, comme M. Moreau, on voulait réfléchir un peu, au lieu de se contenter de belles phrases, on sentait bien qu'entre les Prussiens et la Révolution, la France était dans une situation bien critique.

Cependant le mois d'octobre allait finir. Les engagements avec les Prussiens n'avaient pas encore eu beaucoup d'importance, parce que l'ennemi se contentait de bloquer la ville et que le général Trochu organisait son armée. Il faisait fondre des canons qui, d'après ce qu'on disait, étaient meilleurs que ceux qui nous avaient écrasés à Frœschwiller et à Sedan.

Il commençait déjà à faire froid.

Les trois quarts des magasins restaient fermés toute la journée ; on ne voyait plus personne dans les rues. Tout était triste, silencieux. Ce n'était déjà plus le Paris que j'avais vu le 5 septembre et qui m'avait tant ébloui.

Cependant le 31 octobre le silence se changea en

tumulte. Dès le matin, des bataillons entiers de gardes nationaux descendirent avec leurs armes des hauteurs de Belleville et se dirigèrent en criant : Vive la Commune ! vers l'Hôtel-de-Ville, où le gouvernement s'était établi.

C'était une nouvelle révolution qui se préparait. Cette fois, les émeutiers donnaient pour raison que le gouvernement de la défense nationale faisait comme l'Empire, qu'il cachait au peuple les nouvelles de la guerre ; que Metz venait de capituler et qu'on n'en avait rien dit ; que les chefs étaient des incapables, qu'après avoir pris le village du Bourget et avoir fait sonner bien haut que c'était une position très-importante, ils l'avaient laissé reprendre le lendemain et disaient maintenant qu'elle ne signifiait absolument rien.

Enfin ils criaient qu'on avait encore une fois affaire à des traîtres qui étaient vendus à Bismark et qui, sous prétexte d'un armistice, voulaient livrer Paris.

Je vous réponds qu'en ce moment, on ne portait plus la fameuse médaille de Trochu. Lui et tous les autres du gouvernement étaient peut-être encore plus détestés que l'empereur par les gens de Belleville.

Ce jour-là, j'étais de service ; je ne pouvais donc

pas m'absenter de chez le général. Je vis passer ces files interminables d'hommes armés qui hurlaient les noms de Flourens, de Blanqui, de Félix Pyat ; et je me disais que pour le coup la France était perdue.

À la nuit, le tocsin sonna à toutes volées ; on battait la générale dans les rues. Ceux qui venaient de l'Hôtel-de-Ville disaient que le gouvernement était prisonnier, qu'on avait proclamé la Commune, etc...

Enfin, vers minuit, j'allais me reposer un moment dans l'écurie où nous couchions, lorsque quelqu'un frappa violemment à la porte.

— Qui est là ? demandai-je.

— Maurice Bornat, répondit-on. Ouvrez vite.

J'ouvris tout de suite, et, à la lueur de la lanterne, je vis mon ami l'ouvrier de Belleville, pâle, sans casquette, sans armes, sa tunique déchirée, qui se glissa bien vite dans l'écurie et referma la porte.

— D'où venez-vous donc ? lui demandai-je.

— De l'Hôtel-de-Ville, répondit-il en s'asseyant sur ma chaise.

Sacredieu ! quelle venette j'ai eue ! Je me souviendrai de cette nuit-là.

J'étais bien inquiet, mais mon ami le citoyen Maurice avait une si drôle de mine que je ne pus m'empêcher de rire.

— Voyons, lui dis-je. Racontez-moi donc ce qui vous est arrivé.

— Oui, oui, tout à l'heure... Vous n'avez rien à me donner à boire? J'ai le cœur qui me danse encore là-dedans.

Je lui donnai une gorgée d'eau-de-vie que j'avais dans mon bidon. Ça le remit un peu.

— Eh bien, lui dis-je, et votre histoire?

— M'y voici. Figurez-vous qu'aujourd'hui on avait décidé d'enlever tous ces traîtres de la défense nationale, qui veulent nous vendre aux Prussiens, et de proclamer la Commune. L'affaire avait été montée depuis longtemps dans les clubs; ça devait marcher comme sur des roulettes.

A midi, nous partons de Belleville; nous descendons en chantant, enfin nous arrivons à l'Hôtel-de-Ville. Là, on parlemente pendant longtemps; puis Flourens entre; on le suit. On entoure tout le gouvernement et on lui demande de céder la place à la Commune.

Là-dessus, voilà ce traître de Trochu qui veut commencer un discours. On avait assez de ses phrases, on le fait taire. Après, c'est Jules Favre qui vient pleurnicher comme chez Bismark; on lui offre un mouchoir et on lui dit : Assez, mon bon. On les fait tous prisonniers, et voilà que ce brave Garnier-

Pagès, un gaillard qui ne parlait jamais sous Badinguet que de la douceur et des vertus des républicains, tourne les yeux comme une carpe et se trouve mal.

Il y avait de quoi rire, allez.

Enfin, on jette de l'eau sur la figure de ce pauvre Garnier-Pagès, qui consent à revenir à lui, et on coffre tous les gros bonnets du gouvernement.

Tout ça avait pris du temps, comme vous pensez. La nuit était arrivée, la Commune était proclamée : c'est tout ce qu'on voulait. Aussi, pendant que Flourens faisait des discours, je cherchais, avec une cinquantaine de patriotes, s'il n'y avait pas moyen de prendre quelque chose.

Nous allons naturellement aux cuisines. Peste ! mon cher, comme le gouvernement se nourrissait bien. Il y avait là de tout, du pain, de la viande de bœuf, des pâtés, et du vin !... jusqu'à du champagne.

Nous faisons apporter tout ça dans une grande salle ; nous déposons nos fusils dans un coin et nous commençons notre balthasar.

Quel dîner, nom d'une pipe ! Depuis le siége, on n'en voyait plus comme ça qu'en rêve.

Nous étions arrivés au dessert, et le capitaine Cambusard, un cordonnier que nous avons nommé il y a trois jours, avait déjà levé son verre pour crier : Vive la Commune! lorsque toutes les portes s'ouvrent et nous voyons entrer, avec leurs chassepots, les damnés Bretons de Trochu.

Ça nous jette un froid, comme vous pensez. Le capitaine Cambusard fait une grimace du diable en étranglant le mot de Commune, et il regarde tout de suite autour de lui s'il n'y a pas une porte pour filer. Mais toutes étaient occupées par ces canailles de Bretons. Cambusard roule des yeux de chat; je croyais qu'il allait faire comme le brave Garnier-Pagès. Si je n'avais pas eu si peur, j'aurais bien ri.

Enfin, un officier des Bretons marche près de la table avec son sabre à la main et il nous dit :

— Vous allez sortir de suite, sans dire un mot et en laissant vos fusils. Le premier qui résiste est mort.

Et il commande à ses hommes d'ouvrir une porte.

Le capitaine Cambusard n'attendait que ça. Il court vers la porte, en oubliant sa casquette et son sabre qui étaient accrochés au mur. Les autres en font autant; je les suis naturellement, et nous voilà dans l'escalier.

Vous croyez peut-être que c'était fini? Ah bien oui! Pendant que nous courons en nous bousculant dans l'escalier, voilà que nous apercevons des chassepots qui montaient.

— En retraite ! cria Cambusard.

Nous remontons quelques marches. Encore des chassepots qui descendaient. C'étaient ces canailles de Bretons. Il y en avait partout ; on aurait dit qu'ils sortaient de dessous terre.

Alors Cambusard, qui tremblait encore plus que nous dans sa peau, se met à crier de toutes ses forces :

— Vive Trochu ! Vive le gouvernement de la défense nationale !

— Ah ! ah ! dit en riant l'officier qui montait l'escalier en avant les chassepots. Vous n'êtes donc plus pour la Commune ? Eh bien ! filez, et vite, autrement, gare les atouts !

Il fait alors ouvrir les rangs. Cambusard descend en courant, nous le suivons, on se bouscule, j'attrape deux ou trois coups de poing sur la tête, je sens qu'on me déchire ma vareuse. Enfin je vois une fenêtre ouverte, elle n'était pas à plus de deux mètres du jardin. Je saute, je grimpe sur la grille, où j'accroche mon pantalon, j'arrive sur le quai, je me faufile à travers une masse de gardes nationaux, et me voilà. C'est égal, je me rappellerai cette nuit-là.

Je ne pouvais m'empêcher de rire en écoutant les aventures du citoyen Maurice Bornat.

— Vous riez, dit-il. Sacredieu ! il n'y a pourtant pas de quoi. Nous sommes encore trahis. Il y a des traîtres partout dans Paris. Ça avait si bien marché au commencement !

— Et la Commune, lui demandai-je. Vous l'avez proclamée, mais restera-t-elle ?

— Ah ! ma foi, répondit-il, je ne pourrais pas trop vous le dire. Vous comprenez qu'avec ces traîtres de Bretons, je n'avais pas le temps d'aller aux renseignements. Mais ce qui me met en colère, c'est de penser à la venette qu'avait Cambusard, un capitaine des éclaireurs de Flourens ! Poule mouillée, va ! J'espère bien que demain on le dégommera.

Après s'être reposé une demi-heure, le citoyen Maurice Bornat, qui s'était un peu remis, me souhaita une bonne nuit et regagna Belleville.

Je vous reparlerai encore de lui, car je le revis plusieurs fois, surtout à l'époque de la Commune. Ce n'était pas un malhonnête homme, bien au contraire. Il était bon, serviable, il n'aurait pas fait tort à un enfant. Il n'était pas non plus très-brave. Eh bien, malgré cela, il était toujours fourré dans les émeutes qui menaçaient de tuer la France.

J'ai toujours pensé qu'il n'avait pas beaucoup de bon sens, qu'il aimait, comme presque tous les Parisiens que j'ai connus, à faire du tapage tout simplement pour vexer le gouvernement et que les discours des clubs, auxquels il ne comprenait pas grand'chose, lui avaient tourné la tête.

Au fond, lui et tous ceux qui lui ressemblaient n'étaient pas bien dangereux ; mais malheureusement ceux qui les poussaient étaient des coquins qui se moquaient des malheurs de la France et qui ne songeaient qu'à satisfaire, coûte que coûte, leur ambition.

Le lendemain soir, j'allai chez M. Moreau. Il lisait son journal au moment où j'arrivai et il me raconta comment s'était réellement passée la *manifestation* de la veille, car le citoyen Bornat ne m'en avait guère conté que la partie risible.

— Vous voyez, André, me dit-il. On a tiré des coups de fusil, les membres du gouvernement ont été retenus prisonniers pendant plusieurs heures par les insurgés. Blanqui, Félix Pyat, Flourens ont tenu un instant le pouvoir. Et, pendant ce temps, Orléans est pris par les Prussiens ; l'armée de Bazaine, la seule sur laquelle nous pouvions compter pour sortir vainqueurs de la lutte, vient de capituler !

C'est affreux, épouvantable. Quel mépris nos ennemis doivent avoir pour tout ce qui porte le nom français !

Eh bien, ajouta-t-il, toutes ces émeutes sont logiques. Les vrais coupables sont ceux qui ont failli hier en être les victimes.

En ce moment, M. Adolphe, qui causait près de la table avec Mlle Marie, me fit, en souriant, un petit signe de tête comme pour me dire :

— Allons, le voila parti.

M. Moreau s'en aperçut. Il se mit aussi à rire et il dit :

— Oui, Adolphe, oui, j'y reviens encore. Je tiens à mes idées, tu sais, et, sous peine de passer pour un vieillard rabâcheur, je te répéterai : Quelle différence vois-tu entre les gens qui ont fait une révolution il y a deux mois et ceux qui ont voulu la faire hier? Aujourd'hui un grand malheur, un malheur irréparable, la capitulation de Metz, vient de nous frapper. Ce coup terrible aurait dû pousser tous les cœurs honnêtes, quelle que soit leur opinion politique, à une concorde qui seule peut nous sauver. Mais au 4 septembre, on avait Sedan, et ce sont les représentants même de la France, ceux qui, avant tout le monde, devaient prêcher l'union, l'abnégation, la paix intérieure, qui ont escamoté le pouvoir.

Aujourd'hui, ces mêmes gens, dans une proclamation que voici, crient au scandale, au crime, parce qu'une faction veut les traiter comme ils ont traité le gouvernement élu de la France. Y a-t-il donc deux morales, ou vivons-nous dans une vaste maison de fous ?

Mais, comme si la leçon terrible que viennent de recevoir nos prétendus sauveurs (car ils ont juré de sauver la France, il ne faut pas oublier cela), comme si cette leçon n'était pas suffisante, voilà qu'après avoir voué les plébiscites à l'exécration publique quand il s'agissait de l'Empire, ils convoquent les électeurs de Paris à en faire un pour leur compte.

Certains journaux, qui ne sont que le reflet de leur politique et qui ont, pendant vingt ans, usé leur encre à désorganiser l'armée, s'élèvent maintenant avec une sainte violence contre l'indiscipline et demandent des exemples sévères.

Il est bien temps, en vérité. D'ailleurs que peut-on faire, sinon hausser les épaules, quand un homme vous dit aujourd'hui blanc et demain noir ?

Quant à leur plébiscite, qu'ils se seraient bien gardés de demander pour Paris avant d'avoir détruit le gouvernement, il leur réussira, car moi-même, qui les juge plus sévèrement peut-être que les autres, je voterai pour eux. Ils nous posent la question que voici : Voulez-vous de nous ou de la Commune ? Belle demande ! J'aime mieux un gouvernement incapable que pas de gouvernement ; mais j'aimerais beaucoup mieux une Assemblée nationale, même, ne leur en déplaise, celle qu'ils ont si cavalièrement congédiée.

Dans tout ce que venait de dire M. Moreau, il y avait une chose qui m'avait frappé, c'est ce qui concernait la discipline, et je pensais qu'on faisait bien de s'en occuper, parce qu'il en était réellement temps.

En effet, depuis que le siége était commencé, on avait donné des armes et des uniformes à tout le monde, mais on avait laissé chacun agir comme il l'entendait. Quand un garde national ne se plaisait pas dans un bataillon, il allait sans façon dans un autre; puis il en changeait encore si ça lui convenait. Enfin il n'y avait pas moyen de s'y reconnaître.

Souvent, au beau milieu de la nuit, on entendait battre le rappel; des gardes nationaux s'assemblaient, et, après avoir fait de longues haltes chez tous les marchands de vin du quartier, ils se mettaient en marche avec leurs fusils sur l'épaule. Si on leur demandait où ils allaient, ils vous répondaient :

— Nous allons protester à l'Hôtel-de-Ville. Nos souliers sont usés, ou bien, nos vareuses sont grises tandis que tel bataillon les a bleues. Est-ce qu'on se fiche de nous?

On protestait à toute heure : le jour, la nuit ; c'était la mode.

Et le gouvernement était obligé de répondre à toutes ces protestations en promettant de faire ce qu'on lui demandait.

Aussi, bien souvent, quand je voyais partir un bataillon, qui, la plupart du temps, avait été rassemblé tout simplement parce qu'un garde avait payé la goutte à un tambour pour lui faire battre le rappel, je me disais :

— Ma foi, si les membres du gouvernement sont aussi coupables que le dit M. Moreau, il faut avouer qu'on leur fait bien faire leur purgatoire.

La garde mobile de la Seine était aussi quelque chose de bien extraordinaire.

Aussitôt que la République avait été proclamée, le gouvernement avait décidé qu'elle nommerait ses chefs à l'élection, comme la garde nationale; de sorte qu'on y voyait, surtout dans les bataillons de Belleville, des officiers qui ne se doutaient pas de ce que c'était qu'un fusil. Les simples *moblots*, comme on les appelait, se moquaient d'eux, n'acceptaient aucun ordre, et ne se gênaient pas pour se fabriquer eux-mêmes des permissions, au moyen desquelles ils rentraient dans Paris. On les laissait faire.

Enfin ce qui m'étonnait le plus, c'était les francs-tireurs. Il y en avait de toutes les couleurs, des bleus, des rouges, des gris, des noirs. Ils avaient des plumes à leurs chapeaux, de l'or sur leurs vareuses, et des bottes ! comme les cuirassiers et les gendarmes.

Je n'en ai jamais vu ailleurs que sur les boulevards ; cependant j'ai entendu dire qu'il y en avait quelques-uns qui s'étaient bien battus.

Et les ivrognes qu'on rencontrait dans les rues, trébuchant à chaque pas et ne voulant pas lâcher leur fusil qui très-souvent était chargé ! Et les maraudeurs qui, non contents de piller les champs, entraient en conversation avec les Prussiens et saccageaient les maisons abandonnées !

Oui, il y avait beaucoup à faire pour la discipline. Il y avait peut-être trop à faire, puisqu'on ne fit rien. Cependant quand je réfléchis au dévouement et au patriotisme que les honnêtes gens avaient montré dès le commencement du siége, je crois qu'un autre gouvernement, qui ne se serait pas soucié d'être l'ami de tout le monde, aurait pu supprimer toutes les choses honteuses ou ridicules qu'on voyait augmenter chaque jour.

J'ai vu assez Paris pendant le siége pour savoir que presque tous les habitants ne pensaient qu'à sauver la France. Ils ne regardaient pas ce que cela pourrait coûter ; ils donnaient tout ce qu'on leur demandait, et ils se plaignaient déjà de n'avoir pas été mis en face des Prussiens.

Je sais bien que des bourgeois qui, comme ceux de Paris surtout, ne sont jamais contents d'aucun gouvernement, n'étaient pas faciles à discipliner et qu'on ne pouvait guère penser qu'ils feraient une armée un peu solide. Mais on aurait dit qu'on ne leur avait donné des fusils que pour les amuser.

On leur laissait de mauvais officiers, on répondait poliment aux ivrognes qui venaient protester en armes à l'Hôtel-de-Ville, on laissait les clubs prêcher la guerre civile, on n'essayait pas les gardes nationaux aux avant-postes, enfin on ne faisait pas grand'chose, et je me demandais souvent s'il y avait un gouvernement à Paris, ou bien si les gens qui disaient tant de mal de l'Empire ne faisaient pas tout ce qu'ils pouvaient pour le faire regretter après avoir pris sa place.

Ils disaient que l'empereur avait perdu la France, parce qu'il avait mal gouverné. Ma foi, moi je trouvais qu'eux ne gouvernaient pas du tout.

XIII

CHAMPIGNY.

Pendant que toutes les choses que je vous ai racontées se passaient à Paris, ma blessure s'était guérie et j'avais demandé à rejoindre le régiment pour lequel on m'avait désigné le jour même où je m'étais présenté au bureau de la place.

L'aide de camp du général m'avait promis de me faire partir aussitôt qu'on lui aurait envoyé un autre planton ; mais, comme au commencement du mois de novembre, on parlait beaucoup d'un armistice et que tout le monde croyait que c'était la fin de la guerre, il ne pensa plus à mon affaire.

C'est une chose curieuse que la facilité avec laquelle les Parisiens changent de manière de voir. La veille du jour où il avait été question d'armistice tout le monde n'avait qu'une idée : la guerre, et celui qui se serait permis de parler de paix aurait été insulté comme un misérable. Le lendemain on haussait presque les épaules quand quelqu'un disait que l'armistice n'était qu'un répit et qu'après il faudrait recommencer à se battre et à manger du cheval.

Quelques jours après, c'était la guerre qui reprenait le dessus ; la guerre à outrance, jusqu'au triomphe ou à la ruine.

Je sais bien qu'on pouvait expliquer par de bonnes raisons ces changements d'opinion.

Avant la capitulation de Metz, on avait toujours compté sur l'armée de Bazaine pour battre les Prussiens qui l'entouraient et aider à débloquer Paris. On espérait aussi un peu dans la province, et les tristes nouvelles de la capitulation, qu'on n'appelait que la trahison de Bazaine, et de la prise d'Orléans étaient bien faites pour désespérer. Quand on revint à l'idée de la guerre à outrance, on avait encore un motif, c'était que l'armée du général d'Aurelles de Paladines venait de reprendre Orléans.

Mais je crois que, surtout pour la dernière affaire, il n'y avait pas de quoi passer si vite de l'idée de la paix à celle de la guerre ; car on devait bien penser que, même dans le cas où l'armée de la Loire aurait été capable de venir jusqu'à nous avant l'affaire de Metz, la chose lui serait impossible maintenant qu'elle allait avoir cent cinquante mille hommes de plus sur les bras.

Mais on ne s'occupait pas de cela. Le patriotisme grossissait le succès de l'armée de la Loire jusqu'à en faire une grande victoire qui mettrait les Prussiens dans une mauvaise position ; on répétait qu'avec les quatre cent mille hommes qui étaient dans Paris on passerait partout et qu'on donnerait la main à la province ; le gouverneur de Paris disait toujours qu'il avait son plan, et on ne demandait qu'à se battre.

Pendant qu'il était question de l'armistice, je vis sur le boulevard quelque chose qui me révolta encore plus que les pillages des maraudeurs.

Un matin, au moment où je passais devant la boutique d'un épicier, j'entendis des crix furieux. C'était une femme qui se disputait avec le marchand.

— Vous êtes une canaille, un brigand, disait-elle. Pendant tout le temps qu'il a été question de la guerre, vous avez caché vos haricots pour pouvoir les vendre au poids de l'or, et aujourd'hui qu'on va faire la paix, vous les mettez en vente à 1 franc le kilog.

— Mais, madame... interrompait l'épicier, qui était tout pâle.

— Il n'y a pas de madame, reprenait la femme. Vous vous moquez de voir mourir les autres de faim quand il s'agit de gagner de l'argent. Eh bien, moi qui ne peux pas voir souffrir un poulet, je tirerais la corde avec laquelle on devrait pendre les gens comme vous.

Plusieurs personnes se rassemblaient déjà autour de la boutique; je m'en allai en me disant qu'il y avait en effet des gens bien méprisables.

Enfin je reçus l'ordre de partir pour aller rejoindre mon régiment, qui était campé dans le bois de Vincennes. J'allai faire mes adieux à M. Moreau et à sa famille; ils me souhaitèrent bonne chance, et je partis le 15 novembre au matin.

A cette époque, les idées de paix et d'armistice étaient tout à fait oubliées; on ne pensait plus qu'à la guerre et on criait partout au gouvernement qu'il y avait assez longtemps qu'on se préparait, qu'il fallait se battre.

Quand j'arrivai à mon nouveau régiment, je trouvai que, chez mes camarades, on avait beaucoup moins d'enthousiasme que chez les gardes nationaux, qui jusque-là n'avaient vu la guerre que du haut des bastions de l'enceinte, où on entendait à peine le canon des Prussiens.

Là, on était depuis deux mois en face de l'ennemi; on avait pu, dans les coups de main que l'on tentait de temps en temps, se rendre compte de sa force et de la solidité de ses positions. On passait généralement une nuit sur trois aux avant-postes, souffrant du froid, de l'humidité et du feu de l'ennemi. On avait pris en aversion les gardes nationaux et les mobiles de la Seine qui, disait-on, ne criaient si fort qu'ils voulaient manger du Prussien que parce qu'ils étaient à l'abri derrière les forts. Enfin personne n'avait confiance, et on désirait la fin d'une guerre qui ne procurait que des souffrances pour en arriver à une capitulation.

Voilà ce qu'on pensait généralement parmi les soldats, et beaucoup ne se gênaient pas pour le dire tout haut, car la discipline n'existait guère.

Je vous ai dit que l'armée de Sedan n'était déjà plus comme l'armée de Frœschwiller. Mais l'armée de Paris était bien loin aussi de l'armée de Sedan.

Dans mon régiment, par exemple, qui avait été formé depuis le 4 septembre, on avait réuni des jeunes soldats nouvellement appelés, des hommes de la réserve, qui valaient peut-être moins, et ces traînards de l'armée de Sedan qui, à chaque étape, restaient en arrière et se faisaient expédier sur Paris sous prétexte de maladies. On avait été obligé de faire beaucoup de nominations d'officiers et de sous-officiers, ce qui avait forcé à prendre pour ces grades des hommes qui n'étaient pas capables. La discipline s'en était ressentie, et les généraux avaient beau faire des ordres sévères, les choses n'en allaient pas mieux.

Je ne vous parlerai pas de notre existence jusqu'au 28 novembre. C'était toujours la même chose : des gardes très-fatigantes aux avant-postes, de petits combats insignifiants, où nous laissions toujours quelques hommes, et le bruit du canon des forts qui tiraient jour et nuit, sans qu'on pût voir si les coups portaient.

Enfin, le 28 novembre au soir, on nous mit en marche et on nous conduisit près du fort de Nogent, où des masses de troupes se rassemblaient.

On nous fit bivouaquer et on nous lut deux proclamations, l'une du gouverneur de Paris, l'autre du général Ducrot, qui commandait notre armée.

La proclamation du général Trochu était courte. Elle disait que le sang allait encore couler, mais que nos frères de la province nous attendaient; qu'il fallait marcher à eux; qu'en mettant notre confiance en Dieu, nous pourrions sauver la patrie.

Celle du général Ducrot était plus longue. Il disait qu'il fallait rompre *le cercle de fer* qui nous entourait; que nous aurions de grandes difficultés à vaincre; mais qu'il fallait penser à nos champs dévastés, à nos maisons détruites, à nos femmes et à nos sœurs ruinées; que chacun de nous devait avoir, comme lui, la soif de venger nos humiliations; et il finissait en disant : « Pour moi, j'y suis bien résolu, j'en fais le serment devant vous, devant la nation tout entière : je ne rentrerai dans Paris que mort ou victorieux. »

C'était une belle proclamation. On voyait qu'elle venait d'un bon Français et d'un brave soldat. Aussi tout le monde dans le camp criait : Vive Ducrot ! Vive la France ! A présent qu'on voyait qu'on allait se battre pour tout de bon, on oubliait la vie assommante des avant-postes ; on racontait qu'il y avait une armée de 300,000 hommes qui allait sortir d'Orléans en même temps que nous et tomber sur le dos des Prussiens ; on disait que, dans trois jours, peut-être dans deux, on allait recevoir des nouvelles du village, de la famille, de sa fiancée. C'était une espèce d'ivresse. On comptait les heures qui nous séparaient de la grande bataille.

Au point du jour, une canonnade épouvantable éclata autour de nous. Les forts de Rosny, de Nogent, de Charenton tiraient leurs grosses pièces de marine qui faisaient trembler la terre. Sur une hauteur à gauche, en avant du fort de Rosny, qu'on appelle le plateau d'Avron, on voyait une fumée blanche qui montait au ciel comme un gros nuage et qui prouvait qu'il y avait là une masse d'artillerie.

Enfin, quand par hasard le canon se taisait pendant quelques secondes, on distinguait le pétillement de la fusillade à droite, de l'autre côté de la Marne, dans la direction de Choisy-le-Roi.

C'était beau, je vous assure. Les visages, qui étaient si tristes deux jours auparavant, étaient maintenant tout joyeux. On voulait en finir coûte que coûte, et tous les cœurs battaient d'impatience en attendant l'ordre de marcher à l'ennemi.

Cependant toute la journée se passa ainsi, et, quand la nuit arriva, on nous dit qu'il avait été impossible de jeter les ponts sur lesquels nous devions passer la Marne, parce que la rivière avait grossi subitement, mais que le passage serait pour le lendemain.

Toute la nuit, le canon tonna sans s'arrêter; les ponts furent jetés, et, au point du jour, deux corps d'armée ayant passé la rivière se préparèrent à attaquer les positions des Prussiens. Quant à nous, on nous mit en route sur la rive droite et nous arrivâmes assez près du plateau d'Avron, qui faisait une canonnade enragée. On nous fit arrêter près d'un village qu'on appelle Bry-sur-Marne, où on était en train de jeter un pont.

Pendant que notre division passait la rivière, je montai, avec quelques camarades, dans une grande maison abandonnée. On voyait très-loin et nous nous amusâmes à regarder la bataille qui se livrait de l'autre côté. C'était vraiment un beau spectacle.

Sur la rive droite de la Marne, à trois kilomètres de Nogent, on voyait des coteaux qui formaient une courbe dirigée de notre côté et au milieu desquels arrive, sur un grand pont en pierre qui a au moins une quinzaine d'arches, le chemin de fer de Mulhouse. C'est sur ces coteaux qu'étaient placés les Prussiens. Ils occupaient, à ce qu'on disait, un village qu'on appelle Champigny et avaient fait des retranchements pour se mettre à l'abri de l'artillerie des forts de Nogent et de Saint-Maur qui tiraient toujours sur eux.

En avant du plateau, dans le coude que forme la Marne, on apercevait une masse de troupes françaises, avec une artillerie formidable, qui, à mesure qu'elles passaient la rivière, prenaient leur position pour attaquer les hauteurs.

Enfin, au bout de quelque temps, l'attaque commença. On vit les tirailleurs s'avancer des pentes en échangeant des coups de fusil, nos nouvelles pièces de canon tirèrent par-dessus leur tête sur les batteries prussiennes, et des colonnes profondes se préparèrent à donner l'assaut.

Je ne pus en voir davantage parce que notre tour de passer la Marne était arrivé. Nous traversâmes le pont et le village de Bry; puis, après un repos, on nous lança en colonnes sur les coteaux qui se trouvaient devant nous.

Nous grimpâmes les pentes au milieu de la fusillade, mais heureusement ce n'était plus comme à Frœschwiller et à Sedan. Nous n'avions plus devant nous trois ou quatre hommes contre un et une artillerie qui démontait toutes nos pièces. Les Prussiens lâchèrent pied et nous arrivâmes sur les hauteurs.

Là, on fit halte. Le combat paraissait s'être arrêté un peu à notre droite, où nos troupes avaient pris Champigny. Tout le monde était enthousiasmé.

Mais un peu avant midi, voilà que nous entendons une canonnade épouvantable du côté de Champigny; puis les obus commencent à pleuvoir de notre côté, et bientôt nous voyons des masses noires qui s'avancent de tous côtés pour reprendre le plateau.

Notre position n'était pas belle en ce moment, comme vous devez le penser. Nous avions derrière nous une rivière large et profonde, dans laquelle les Prussiens pouvaient nous jeter s'ils nous reprenaient les hauteurs, et notre seule chance de salut, en cas de défaite, était de nous retirer sous le canon du fort de Nogent.

La fusillade commença, une fusillade terrible. Les canons, les mitrailleuses tirèrent à faire trembler la terre. Les Prussiens avançaient toujours. Ils faisaient sur nous un feu d'enfer ; mais nous avions plus de canons qu'eux, et ce qu'on leur tuait de monde était effrayant.

A la fin ils s'arrêtèrent. Notre artillerie redoubla son feu. Nous marchâmes à leur rencontre ; ils battirent en retraite.

La bataille était gagnée.

Je ne vous dirai pas la joie de tout le monde quand on vit que cette fois, la première de la campagne, nous restions maîtres du champ de bataille. Nous ne réfléchissions pas que le feu des forts nous avait beaucoup aidés pour prendre les hauteurs et que nous n'avions eu affaire qu'à une petite partie de l'armée prussienne qui allait recevoir du secours pendant toute la nuit, de sorte que le lendemain nous aurions bien plus de mal à vaincre. On ne parlait que de marcher en avant, et on croyait déjà voir arriver à notre rencontre les trois cent mille hommes de l'armée de la Loire.

— Allons, disait-on, demain nous enlèverons à la baïonnette les retranchements où ces gueux-là sont allés se cacher, et nous irons jusqu'à Corbeil, peut-être jusqu'à Étampes. Mais le lendemain on fut bien étonné de voir qu'on ne s'occupait que de tirailler en avant de nos lignes, sans penser à se mettre en route.

— Qu'y a-t-il donc ? criaient les fortes têtes de l'escouade. Qu'est-ce que nous fichons ici ? Nous avons surpris les Prussiens ; nous les avons battus, et on nous laisse là ! Est-ce qu'on veut attendre que toute l'armée de ces têtes carrées vienne se mettre devant nous pour nous empêcher de passer ? Si on ne voulait livrer une bataille que pour faire de la fantasia, il fallait le dire.

Toute la journée et une partie de la nuit suivante se passèrent ainsi. Mais, vers sept heures du matin, une fusillade terrible partit de nos avant-postes. En un clin d'œil tout le monde fut sur pied, et bientôt le jour nous permit de voir des masses de Prussiens qui venaient nous attaquer.

En même temps, l'artillerie commençait son vacarme. C'était une nouvelle bataille, mais cette fois ce n'était pas nous qui attaquions, c'étaient les Prussiens.

Je ne vous parlerai pas de ce qui se passa ce jour-là ; c'était la répétition de l'attaque que les Prussiens avaient faite le 30 novembre. Ils revinrent plusieurs fois à la charge ; mais nous étions bien postés, notre artillerie valait au moins la leur, et, à quatre heures du soir, ils rentraient dans leurs positions.

Cette fois, on commença pour tout de bon à désespérer de rompre le *cercle de fer*, comme disait le général Ducrot; car on avait bien vu que les Prussiens étaient au moins trois fois plus nombreux que le jour où nous les avions attaqués, et quand, le 3 au matin, on nous fit partir par un brouillard épais pour repasser la Marne, personne ne fut étonné.

Mais c'est à ce moment que la tristesse, qui était déjà grande avant la bataille, s'empara de tout le monde. Adieu l'espoir de recevoir un mot de consolation de la famille, un souvenir de la fiancée. Adieu l'espérance de rentrer au village avec la gloire d'avoir, au prix de mille souffrances, sauvé le pays.

Le service ennuyeux et pénible des avant-postes allait recommencer; le froid, si dur jusque-là, allait augmenter, les vivres diminueraient, et on entendrait toujours les Parisiens, qui couchaient dans leurs lits, crier la guerre à outrance.

Je vous dis ce qu'on pensait dans mon régiment et probablement dans toute la ligne. On avait en aversion tous ces bourgeois qui n'étaient jamais sortis des remparts et qui ne parlaient que de battre les Prussiens. On n'en avait pas vu un à Champigny, et, pour se moquer d'eux, on ne les appelait plus que les guerres à outrance.

Personne ne se demandait s'ils étaient vraiment responsables de ce qu'on ne les avait pas employés, si la plupart même n'étaient pas humiliés d'être traités comme des gens inutiles. On était malheureux, désespéré; on rejetait tout sur la garde nationale.

Pour nous consoler et nous rendre courage, le gouvernement nous disait que nous avions fait un mal épouvantable aux Prussiens et que nous leur avions détruit des régiments entiers. Le général Ducrot, qui nous avait ramenés dans le bois de Vincennes, nous promettait une nouvelle bataille et nous expliquait que, s'il ne nous avait pas fait continuer notre marche en avant, c'était parce que nous avions rencontré trop de monde devant nous.

Mais qu'est-ce que tout cela prouvait? C'est que si nous avions tué tant de Prussiens et qu'il y en avait encore plus que nous n'étions, il ne fallait plus penser à les battre. Nous n'avions guère avancé que sur le terrain même où portait le canon de nos forts; et, si nous avions repassé la Marne sans être poursuivis, c'est qu'il faisait du brouillard, que nos ponts étaient à côté du fort de Nogent et que d'ailleurs les Prussiens ne demandaient qu'une chose: que nous rentrions dans Paris. Ils savaient bien que les vivres ne dureraient pas toujours.

C'est quelque temps après la bataille de Champigny que les bataillons de marche de la garde nationale furent envoyés pour faire avec nous le service des avant-postes.

Les premiers que nous vîmes furent obligés de supporter la mauvaise humeur du soldat, qui leur attribuait une grande partie de ses misères.

— Ah! ah! criait-on en les voyant passer la tête haute pour se rendre à leur poste, voilà les *guerres à outrance* qui arrivent. Nous allons manger du Prussien ; nous allons faire la trouée... Montrez-nous le chemin qu'il faut prendre, messieurs ; nous avons la berlue. Depuis trois mois nous le cherchons et nous n'y voyons que du feu.

Les gardes nationaux haussaient les épaules et ils avaient l'air de nous prendre pour des sots. Mais le lendemain, quand ils avaient passé une nuit à la tranchée avec un froid de 12 degrés, qu'ils voyaient devant eux des retranchements où il fallait aller chercher l'ennemi pour trouver d'autres retranchements derrière ; quand l'administration, qui faisait toujours comme à Frœschwiller et à Sedan, oubliait de leur donner des vivres et qu'ils pensaient qu'il fallait mener encore quinze jours une existence comme celle-là, ils changeaient bien vite de manière de voir. Ils venaient causer avec nous ; ils se faisaient expliquer une foule de choses dont ils ne se doutaient pas, parce qu'à Paris on ne connaissait la vie des avant-postes que par les belles phrases des journaux; et, quand ils partaient, ils ne parlaient plus de la guerre à outrance.

Vers la fin du mois de décembre, le lendemain d'une nuit où il avait fait un froid si terrible que plusieurs hommes de ma compagnie avaient eu les pieds gelés dans la tranchée, je vis arriver un bataillon de marche qui venait relever celui qui était à Créteil depuis quinze jours.

J'étais enveloppé dans ma couverture, que j'avais roulée plusieurs fois autour de moi pour me réchauffer; j'avais, sous ma casquette, un bonnet de coton enfoncé jusqu'aux yeux, et je battais la semelle en regardant passer les gardes nationaux, qui me riaient au nez, lorsque, parmi eux, je reconnus M. Adolphe, le neveu de M. Moreau.

Je courus à lui et je lui souhaitai le bonjour; mais ce ne fut qu'au bout d'un moment qu'il put me reconnaître, tant mon costume me changeait.

— Tiens, dit-il enfin, c'est André. Sapristi! quelle drôle de mine vous avez avec votre bonnet de coton et votre couverture. Il paraît qu'il ne fait pas chaud à la tranchée.

— Vous verrez, lui dis-je. Demain matin, vous m'en direz des nouvelles. Et comment va-t-on, chez M. Moreau?

— Assez bien, car on a reçu de bonnes nouvelles par les pigeons. Charles est guéri. Il est en Belgique.

— Oh! tant mieux, dis-je tout ému. Mme Moreau et Mlle Marie doivent être bien heureuses!

— Oui, et il était temps, je vous en réponds. Ma pauvre tante n'y tenait plus; elle gardait le lit et il fallait cela pour la guérir. Mais mon bataillon file. Venez me voir dans un moment, nous causerons.

Aussitôt que je pus avoir un moment de liberté, je me dirigeai vers le village où était cantonné le bataillon de M. Adolphe. C'était pour moi un véritable bonheur de parler de la famille Moreau qui m'avait traité avec tant de bonté.

M. Adolphe me raconta encore une fois la joie que la dépêche du capitaine Charles avait apportée dans la maison. Tout le monde y pleurait, mais de bonheur.

Puis nous parlâmes de Paris.

— La ville est devenue bien triste depuis votre départ, me dit M. Adolphe. On a supprimé le gaz, presque toutes les boutiques sont fermées, on n'a plus de bois pour se chauffer, le nombre des morts augmente d'une manière effrayante. En outre, la confiance qu'on avait dans le gouvernement n'existe plus. On voit clairement qu'on est tombé dans les mains de gens incapables et que Paris est dans une bien triste situation. Néanmoins le courage n'a pas baissé. Tant qu'on nous donnera un rayon d'espoir, nous souffrirons sans nous plaindre.

— Vous espérez donc encore ? demandai-je.

— Il le faut bien, puisque le gouvernement jure tous les jours que Paris ne capitulera pas. Et pourtant, il nous en conte de dures. Ainsi la première fois qu'on a pris le Bourget, c'était une excellente position. Quand on l'a perdue, le lendemain, on nous a affirmé qu'elle ne signifiait absolument rien. Il y a deux jours on l'attaque de nouveau, on échoue, et le général Trochu nous déclare que l'attaque ne pouvait pas avoir de résultats.

Je n'entends rien aux choses de la guerre, mais je ne vois pas pourquoi on va attaquer une position bien défendue s'il n'est pas nécessaire de la prendre. Enfin, il nous reste heureusement le plateau d'Avron ; c'est tout ce que nous avons pris aux Prussiens dans la bataille de Champigny. On dit que c'est une position magnifique pour protéger une sortie. Tant que nous l'aurons, rien ne sera perdu.

Je restai une partie de la journée avec M. Adolphe, puis je rentrai au camp.

XIV

MONTRETOUT.

Dans la nuit qui suivit, nous entendîmes une violente canonnade sur notre gauche, dans la direction du fort de Rosny. Elle continua le lendemain, et nous apprîmes bientôt que les Prussiens bombardaient, avec des pièces comme nous n'en avions pas, les forts de l'Est et le plateau d'Avron. Enfin, le 29 décembre, toute l'armée savait que ce fameux plateau d'Avron, dont la conquête avait fait tant de bruit, venait d'être abandonné par nos troupes, qui n'avaient pu résister au bombardement de l'ennemi.

C'est M. Adolphe qui, le premier, m'avait apporté cette nouvelle. Il était consterné.

— Cette fois, me dit-il, je crois que nous sommes perdus. Voilà bientôt quatre mois qu'on laisse les Prussiens installer autour de Paris une artillerie contre laquelle la nôtre ne peut lutter ; quatre mois qu'on nous promet une sortie, et ce n'est que l'autre jour, à l'attaque du Bourget, qu'on a commencé à faire voir le feu à quelques bataillons de marché de la garde nationale. On se moque de nous.

Si le général Trochu espérait que nous pourrions arriver à faire des soldats, il fallait nous envoyer aux avant-postes dès les premiers jours, afin de nous aguerrir. S'il croyait que nous ne pouvions jamais être bons à rien, il devait renoncer à la défense.

C'est horrible, répétait-il à chaque instant. Avoir ruiné Paris, avoir condamné sa population aux privations les plus dures, à des souffrances inimaginables qu'elle supporte encore avec un dévouement admirable; tout cela pour aboutir à une capitulation comme à Metz, comme à Sedan !

— Mais, lui dis-je, il y a peut-être encore de l'espoir.

— Non, non, reprit-il en secouant la tête. J'ai espéré jusqu'au jour où je suis venu ici. Mais, tout bourgeois que je suis, je vois clairement notre position. Nous n'avons pas peur, nous, gardes nationaux. Si on nous envoie à l'ennemi, nous nous ferons tuer comme tout le monde, mais nous ne saurons pas nous battre, parce qu'on ne nous aura pas appris la guerre. Nous ne ferons rien de bon, et c'est l'armée seule qui sera chargée de faire la trouée. Elle n'a pu réussir à Champigny, elle réussira encore moins aujourd'hui, car les Prussiens ont reçu des renforts. En attendant, les vivres s'épuisent, ils manqueront bientôt et nous n'aurons plus que deux moyens d'en finir : mourir tous de faim, ou subir la honte d'une capitulation.

Le bombardement des forts de l'Est durait toujours. Le froid était terrible, la neige qui avait tombé quelques jours auparavant s'était gelée sur la terre; le ciel était sombre.

Tout le monde était triste, découragé.

Bientôt le bruit du canon s'étendit sur notre droite. Les Prussiens bombardaient les forts de Montrouge, de Vanves et d'Issy. Enfin, dans les premiers jours du mois de janvier, on sut que les obus de l'ennemi, lancés par-dessus nos forts avec des pièces énormes, venaient tomber jusque dans l'intérieur de Paris.

Ce fut un moment affreux, je vous assure, pour tous ceux qui avaient au fond du cœur l'amour de leur patrie. On sentait qu'on touchait à la fin de cette horrible guerre, qui ne nous avait procuré que des désastres, pour finir par un désastre plus épouvantable. Les misères, les souffrances, le froid, la faim étaient oubliés. Le désespoir s'emparait de tout ce qui dans l'armée avait un cœur d'homme. On voulait se battre encore et mourir s'il le fallait plutôt que de livrer Paris aux barbares qui cherchaient à le détruire.

Bientôt cette rage, qui était peut-être plus grande

chez les gardes nationaux mobilisés que chez nous, augmenta encore : nous reçûmes des nouvelles de province qui réveillaient notre espoir.

Chanzy, disait-on, résistait aux Prussiens sur la Loire, Bourbaki marchait sur Belfort et bousculait toutes les armées ennemies sur son passage, Garibaldi avait repris Dijon, et Faidherbe venait de remporter une grande victoire à Bapaume, près d'Amiens.

Il n'y avait que Paris qui ne bougeait pas.

— Marchons, marchons, criait-on de tous côtés. Allons n'importe où, à Chanzy, à Bourbaki, à Faidherbe ; mais ne restons pas cachés comme des taupes dans nos tranchées, pendant que nos frères de la province battent les Prussiens.

Nous ne savions pas à cette époque ce qu'il y avait de vrai dans les nouvelles que nous donnaient les journaux ; nous croyions tout sur parole. Il y avait si longtemps que nous étions malheureux et désespérés !

Enfin, le 18 janvier, le bruit se répandit dans le régiment qu'on allait tenter une sortie, et, vers quatre heures du soir, on nous mit en marche dans la direction du mont Valérien.

Le temps s'était adouci, la terre était dégelée ; la route que nous suivions était couverte d'une boue épaisse dans laquelle nous pataugions et qui nous faisait glisser à chaque pas. Enfin, après des à-coup interminables, nous arrivâmes, vers une heure du matin, dans un terrain labouré, où on nous fit former les faisceaux.

On nous défendit d'allumer du feu, et nous attendîmes jusqu'au jour, les pieds dans la boue, assis sur nos sacs.

Au moment où on commença à voir un peu autour de soi, il faisait un brouillard assez épais, cependant nous pûmes distinguer, tout à côté de nous, un bataillon de marche de la garde nationale, qui était formé en colonne.

Quelques gardes nationaux vinrent causer avec nous. Il faisaient bonne contenance ; on voyait qu'ils se battraient bien.

Presque aussitôt, on nous fit mettre sous les armes ; on envoya des tirailleurs qui commencèrent bientôt le feu, et nous les suivîmes.

Nous montions une côte assez roide ; les gardes nationaux marchaient en colonne à notre droite, et, quoiqu'ils eussent eu déjà quelques blessés, ils ne bronchaient pas, lorsque nous aperçûmes devant nous un ouvrage de fortification sur lequel nos tirailleurs faisaient feu. On leur répondait vigoureusement.

On nous fit alors cacher dans un pli de terrain et on renforça les tirailleurs.

La fusillade continua longtemps. Enfin on nous fit lever ; on nous cria : *En avant ! à la baïonnette !* et nous courûmes tous, soldats et gardes nationaux, sur la redoute, où nous entrâmes ensemble.

— Vive la France ! criaient les gardes nationaux en agitant leur casquette.

Nous répondions :

— Vive la garde nationale !

En ce moment, on entendait une fusillade terrible à notre droite ; mais on ne pouvait rien voir à cause du brouillard. On disait que c'était le général Ducrot qui venait nous rejoindre.

Je vous ai dit que la terre était mouillée et glissante, à cause du dégel. Nous avions beaucoup de peine à marcher dans la boue ; mais, pour les chevaux et les pièces de canon, c'était bien autre chose. Les chevaux glissaient, les roues des affûts entraient jusqu'au moyeu dans la terre, et rien n'avançait.

A la fin, quelques pièces purent arriver sur le plateau où nous nous trouvions, et elles se mirent aussitôt à tirer sur un village qui était à notre gauche et qu'on appelle Garches. D'autres pièces firent feu sur un château qu'on distinguait en avant de nous. Les Prussiens s'y étaient cachés et ils tiraient par des trous qu'ils avaient percés dans le mur du jardin.

Pourtant nos tirailleurs s'étaient avancés tout près de ce mur ; ils s'embusquaient dans les maisons, derrière les haies, et les Prussiens ne leur faisaient pas beaucoup de mal.

Tout cela dura quelque temps, puis nous vîmes un pan de mur qui tombait sous les coups du canon.

—*En avant! en avant!* cria le colonel. Et nous arrivâmes au pas de course dans le jardin. Les Prussiens se sauvaient en tirant, bientôt ils gagnèrent un bois qui se trouvait plus loin et ils nous laissèrent un peu tranquilles.

A partir de ce moment, mon bataillon fut placé en réserve en arrière du village de Garches. Le brouillard s'épaississait ; on ne voyait rien, mais on entendait le bruit du canon et de la fusillade tout près de nous, en avant de Garches et de Buzenval.

Ce qui m'étonnait le plus, c'est que nous ne voyions pas arriver un seul obus prussien. Je n'y comprenais rien. A Frœschwiller, à Sedan, même à Champigny, leur artillerie nous avait fait un mal épouvantable, et, cette fois, on aurait dit qu'ils n'avaient pas une seule pièce pour tirer sur nous.

Le bataillon de gardes nationaux qui était à côté de nous quand on avait attaqué Montretout avait aussi été mis en réserve. Nous causions ensemble.

Ils disaient qu'on était tout près de Versailles, que nous y arriverions le soir et que nous mangerions le dîner de Bismark. Ça dura jusqu'au soir.

Tout à coup, une canonnade épouvantable éclata dans toutes les directions; les obus commencèrent à pleuvoir dans nos rangs, et nous vîmes les troupes de la première ligne qui reculaient.

C'était encore comme à Champigny. On avait laissé aux Prussiens le temps de réunir leur monde, et à présent, au lieu de se défendre, ils nous attaquaient.

On nous fit prendre les armes pour aller au secours des nôtres; nous escaladâmes la hauteur; mais au moment où nous arrivions sur le plateau, nous fûmes reçus par un feu d'artillerie si terrible que l'on commença à hésiter.

— *En avant! en avant!* criait le colonel.

Je fis quelques pas, puis tout à coup je sentis quelque chose comme un coup de bâton sur mon bras droit; un bruit sec, comme celui d'un morceau de bois qui se casse, arriva à mon oreille; mon fusil s'échappa de mes mains, et, après avoir tourné deux fois sur moi-même, je tombai dans la boue.

Un éclat d'obus m'avait coupé le bras au-dessus du coude; il ne tenait plus que par un petit morceau de peau.

Cependant je me relevai aussitôt. Le sang coulait à flots sur ma capote; je souffrais horriblement. Je fis quelques pas en arrière, mais les forces m'abandonnaient rapidement, mes yeux se brouillaient. Je fus obligé de m'arrêter et de me coucher sur la terre mouillée.

J'étais là depuis un moment. La fusillade continuait toujours, les obus pleuvaient autour de moi, les nôtres avaient été repoussés derrière le plateau, sur lequel je ne distinguais plus que des morts ou des blessés. La nuit arrivait, le froid me gagnait tout le corps.

Je me rappelai alors le malheureux cuirassier que j'avais vu couché sur le bord de la Sauerbach, pendant la retraite de Reischoffen. On l'avait laissé là, sans répondre à ses cris, à ses prières. Je me dis que mon tour était arrivé, et, pensant une dernière fois à mon père, à Madeleine, à petite Rose, à Catherine et au bon capitaine Martin que je ne reverrais plus, je m'apprêtai à mourir.

Tout à coup, sur ce plateau où les soldats n'osaient plus se hasarder, au milieu de cette grêle de fer et de plomb qui faisait sauter la boue jusque sur ma figure, je vis une forme noire qui se penchait sur moi et qui me disait :

— Courage, mon frère, voilà du secours.

C'était un frère de la Doctrine chrétienne, un jeune homme maigre, pâle, avec des cheveux noirs qui tombaient le long de ses joues. Sa soutane était déchirée, couverte de boue. Il souriait tristement en me regardant.

— Vous souffrez beaucoup, mon frère, me dit-il.

— Oui, monsieur, répondis-je. J'ai perdu un bras.

Je vis une larme qui roulait sur sa joue.

— Courage, dit-il encore une fois, Dieu est bon ; il vous sauvera.

En même temps il appela un autre frère qui portait un brancard sur son épaule, et, me soulevant avec des précautions infinies, comme ferait une mère pour son enfant blessé, il me plaça sur le brancard.

— Ne souffrez-vous pas trop comme cela ? me demanda-t-il.

— Non, mon frère, non, répondis-je. Mais vous allez vous faire tuer. Entendez-vous ces balles et ces obus qui sifflent ?

— Dieu nous voit, dit-il, que sa volonté soit faite.

Malgré les douleurs atroces que j'endurais, j'étais ému jusqu'aux larmes.

— Vous êtes un saint, lui dis-je. Merci.

Les deux frères soulevèrent le brancard et se mirent lentement en marche vers la pente du plateau. Un obus tomba devant celui qui marchait le premier et souleva, sans éclater, un nuage de boue; le brancard ne trembla pas ; il continua à avancer avec la même lenteur.

Enfin, nous arrivâmes sur la pente où on était un peu à l'abri du feu des Prussiens. Nous traversâmes les troupes qui s'y trouvaient encore, et les deux frères, après m'avoir étendu doucement sur un matelas, dans une voiture, me firent leurs adieux pour retourner sur le champ de bataille.

— J'irai vous voir demain à l'hôpital, me dit le plus jeune, celui qui m'avait vu le premier. Voulez-vous me dire votre nom ?

— André Artaud.

— Adieu, mon frère, que Dieu vous protége !

Et il s'en alla après m'avoir serré la main.

La nuit était arrivée, le canon grondait toujours, mais nos troupes battaient en retraite. La trouée était manquée encore une fois. Six mille hommes, comme à Champigny, peut-être davantage, venaient de verser leur sang pour la patrie et elle était perdue !

Couché sur mon matelas, secoué par le tremblement convulsif de la fièvre, en proie à des douleurs atroces, je trouvai encore dans mes yeux, qui probablement allaient se fermer pour toujours, des larmes pour cette France que j'avais rêvée si grande, si glorieuse et qui peut-être allait mourir en même temps que moi.

Une secousse me fit pousser un cri. La voiture se mettait en route.

. . . .

Quand j'arrivai à l'ambulance, quatre infirmiers me tirèrent de la voiture, et, me plaçant sur un brancard, ils me portèrent dans une salle où trois hommes, les manches relevées, les bras et les mains rouges de sang, étaient réunis autour d'une table sur laquelle un malheureux venait de subir l'amputation d'une jambe.

Le blessé était pâle, il répondait d'une voix faible aux recommandations que lui faisait le plus âgé des médecins. Tout autour de la chambre, couchés comme moi sur des brancards, d'autres blessés attendaient l'opération. Enfin, au pied de la table, une grande toile toute tachée de sang laissait voir sur ses bords des membres qu'on venait de couper.

Une lampe à reflets rouges et deux bougies, que des infirmiers tenaient à côté de la table, éclairaient ce tableau qui, dans toute autre circonstance, m'aurait fait dresser les cheveux.

Une odeur fade, l'odeur d'un abattoir, me soulevait le cœur.

Pendant que deux des médecins enveloppaient la jambe du malheureux qui était sur la table, le troisième s'approcha de mon brancard, et, se faisant éclairer par un infirmier, il regarda mon bras.

— En voilà un à faire passer immédiatement, dit-il aux autres, les artères sont coupées.

— Bien, bien, répondit le plus vieux. Faites-le porter ici.

On enleva l'homme à la jambe coupée et on me mit à sa place.

Le vieux médecin coupa la manche de ma capote avec des ciseaux, essuya un long couteau qui était rempli de sang, puis il fit signe à celui qui m'avait visité de se préparer.

Alors, l'autre versa sur un large morceau de coton une liqueur blanche qui avait une odeur forte, mais assez agréable ; il approcha le coton de ma figure et il me dit :

— Respirez.

Je respirai quelques secondes. Mes nerfs se relâchaient, une douce langueur gagnait tout mon corps, mes idées se brouillaient ; et, laissant tomber ma tête en arrière, je ne vis plus rien, je n'entendis plus rien, je ne sentis plus rien.....

Quand je m'éveillai, le vieux médecin était occupé à entourer mon bras avec des bandes de linge.

— Eh bien, mon ami, me dit-il, vous n'avez pas souffert, n'est-ce pas ?

— Non, monsieur, répondis-je.

— Vous étiez bien loin d'ici pendant l'opération, allez. Vous parliez d'une petite Rose, d'une Catherine, d'un capitaine Martin..... Vous les reverrez, allez, mon garçon. On va vous porter dans un lit, vous prendrez une goutte de bouillon, vous pourrez même fumer une pipe, si vous voulez. Après, vous dormirez et vous tâcherez de ne pas déranger votre bandage avant qu'on vienne vous panser.

Allons, ajouta-t-il en piquant une dernière épingle. Enlevez cet homme-là. A un autre.

Je dormis bien toute la nuit. Quand je m'éveillai, il faisait grand jour ; je regardai autour de moi.

Nous étions une quinzaine de blessés dans la salle, au milieu de laquelle un poêle en faïence ronflait joyeusement. Les draps de lit et les couvertures étaient d'un blanc de neige qui, rien qu'à le voir, donnait une sensation de bien-être. Il y avait si longtemps que nous ne couchions que sur la terre sans pouvoir nous déshabiller ! Enfin cinq ou six dames, qui, à en juger par leur costume, devaient être riches et qui portaient sur leur bras droit la croix rouge sur fond blanc des ambulances, allaient, en marchant sur la pointe du pied, épier le moment où les blessés s'éveillaient.

L'une d'elles, qui était jeune et qui avait de grands yeux bleus avec des cheveux blonds, s'approcha de moi aussitôt qu'elle me vit faire un mouvement et me demanda comment j'avais passé la nuit.

— Bien, madame, répondis-je, je vous remercie.

J'avais perdu tellement de sang que ma voix ne résonnait plus. C'est à peine si j'entendais moi-même ce que je disais.

La jolie dame s'assit près de moi, me tâta le pouls pour voir si j'avais la fièvre ; puis elle me dit en souriant :

— Allons, je suis contente. Vous n'avez pas du tout de fièvre. Ce n'est pas comme ce malheureux qui est là-bas au bout de la salle. Toute la nuit il n'a fait que s'agiter et se plaindre.

— Vous avez donc passé la nuit ici, madame, lui demandai-je tout étonné de penser qu'une femme jeune, riche et belle comme celle-ci, pouvait rester une nuit entière dans une ambulance, à veiller des malheureux atteints de blessures horribles et qui ne lui étaient rien.

— Oui, dit-elle en souriant, ma mère et moi nous ne vous avons pas quitté une minute.

— Oh ! que vous êtes bonne ! murmurai-je.

— Bonne ! dit-elle, non, nous ne faisons que notre devoir. Nous ne pouvons pas nous battre, nous, quoique nous aimions autant que vous notre chère France ; alors nous soignons les blessés, nous employons toute notre tendresse à remplacer leur mère absente, à adoucir les glorieuses souffrances qu'ils supportent pour la patrie.

En ce moment, un infirmier entra et s'approcha de la jeune dame.

— Mademoiselle, dit-il, on vient de porter cette lettre pour Mme la comtesse de V...

— C'est ma mère, dit la jeune dame ; elle est au troisième lit à gauche.

Puis, elle se tourna de nouveau de mon côté.

— Monsieur, me dit-elle en riant, je vous ai déjà trop fait parler. J'entends que vous suiviez à la lettre toutes mes prescriptions, autrement je ne serai pas votre amie, et je veux absolument l'être. Voici ce que je vous ordonne : vous allez boire un bouillon que je vais vous apporter et qui vous donnera des forces ; ensuite, vous dormirez une heure ou deux, et, quand vous vous ennuierez, je viendrai vous faire la lecture du journal. C'est convenu, n'est-ce pas ?

— Je ferai tout ce que vous voudrez, mademoiselle.

— A la bonne heure. Je vais chercher le bouillon.

Dans la soirée, le frère de la Doctrine chrétienne qui m'avait ramassé sur le plateau de Garches entra dans la salle.

A son air timide et modeste, on n'aurait guère soupçonné le vaillant cœur qui, la veille, allait sous la mitraille secourir les blessés. Il s'approcha de mon lit, et, comme je lui tendais la main, un sourire éclaira son visage pâle.

— Mon frère, me dit-il, je suis bien heureux. J'ai vu tout à l'heure le docteur qui vous a pansé. Il dit que jusqu'à présent vous êtes dans les meilleures conditions possibles pour une prompte guérison. Dieu soit loué !

La jolie demoiselle qui me servait de garde-malade s'approcha en ce moment. Le frère rougit et baissa les yeux.

— Mademoiselle, dis-je alors en tenant toujours la main du frère dans la mienne, ce bon frère que vous voyez est celui qui m'a ramassé sur le champ de bataille au moment où personne n'osait plus s'aventurer au secours des blessés. Je ne suis qu'un pauvre paysan, mais, si je vis, son souvenir et le vôtre ne sortiront jamais de mon cœur.

Le jeune frère pleurait ; la demoiselle se retira tout émue.

— Pourrais-je vous rendre quelque service? me dit le jeune homme au bout d'un moment.

— Oui, mon frère, répondis-je. Je vais vous en demander deux. Le premier, c'est de me dire votre nom.

— Frère Abel.

— Merci. Le second serait d'écrire à M. Moreau, qui demeure boulevard du Prince-Eugène, n°..., que je suis ici.

— J'irai moi-même demain matin, dit le frère. Allons, adieu. Je reviendrai le plus souvent possible.

Et il s'en alla en baissant les yeux.

XV

UN FRANÇAIS.

J'ai vu des choses bien tristes pour un Français pendant le siége de Paris ; mais aussi combien de fois mon cœur ne s'est-il pas gonflé d'orgueil en songeant à l'abnégation et au dévouement qu'on rencontrait à chaque pas dans cette grande ville !

Le frère Abel et la jeune demoiselle qui me veillait n'étaient pas des exceptions dans cette population parisienne qu'en province on accusait tant de ne penser qu'à elle. Oh ! non, bien au contraire.

Tous les honnêtes gens voulaient concourir à la grande œuvre nationale : la délivrance de la patrie.

Ceux qui pouvaient se battre offraient leur vie ; les autres, les femmes surtout, se dévouaient pour les blessés. Elles donnaient leur argent, leur linge aux ambulances ; et, habituées pour la plupart à se faire servir, elles venaient dans des hôpitaux empestés, où des maladies affreuses régnaient en permanence, apporter leurs soins délicats et leurs consolations.

En ville, on mourait de faim ; on n'avait plus de

bois pour se chauffer, et il faisait grand froid ; la ruine était certaine pour bien des gens. Ils ne se plaignaient pas, ils offraient encore le fond de leur bourse pour couler des canons.

En pensant à tout cela, j'étais bien ému. J'oubliais toutes ces révolutions violentes que Paris impose au reste de la France, et qui lui sont généralement imposées à lui-même par une poignée d'ambitieux. Je me disais : Paris peut succomber, mais il aura montré au monde que la France n'est pas morte, que, si l'amour de la patrie s'endormait chez nous, il s'est réveillé pour toujours.

Le lendemain vers midi, j'écoutais ma jolie garde-malade qui me lisait les nouvelles, bien tristes, hélas ! de la journée, lorsque je vis entrer toute la famille Moreau dans la salle.

Je poussai un cri de joie. Il n'y avait pas bien longtemps que je les connaissais, mais ils m'avaient montré tant d'amitié qu'il me semblait que c'était ma famille que je voyais.

Ah ! on s'attache bien vite les uns aux autres quand on est malheureux. Tous m'embrassèrent ; la mère et la fille pleuraient.

Ils avaient bien changé. Le père et la mère avaient maigri d'une manière effrayante ; ils étaient vieillis de dix ans ; la jeune demoiselle Marie, que j'avais connue si fraîche, était pâle, presque jaune. Elle m'apportait un petit paquet de chocolat. C'était le reste des provisions de la famille. On s'était imposé bien des privations pour le conserver en cas de maladie.

Quand notre émotion, qui, je vous assure, était grande, fut un peu passée, M. Moreau m'annonça qu'il avait demandé la permission de m'emmener chez lui aussitôt qu'on pourrait me transporter sans danger.

Je le remerciai et je lui dis qu'il était trop bon, que j'allais le gêner beaucoup ; qu'il voudrait mieux attendre que je fusse guéri.

— Nous gêner ! interrompit Mme Moreau. Et notre fils, notre pauvre Charles, qui s'est trouvé chez des étrangers, blessé, mourant?

Ceux qui l'ont soigné ont-ils pensé un moment à la gêne qu'il leur causait? Non, ajouta-t-elle en se tournant vers la demoiselle qui me gardait. Vous êtes soigné par un ange à qui nous sommes reconnaissants jusqu'au fond du cœur; mais chez nous vous serez en famille. Charles viendra aussitôt que la paix sera faite; c'est un bon cœur, vous verrez. Il vous consolera, car il est aussi malheureux que vous.

Ils restèrent avec moi jusqu'au soir, et revinrent

me voir le lendemain, tous les jours. Souvent M. Adolphe les accompagnait.

Cependant, les journaux, que je pouvais maintenant lire tout seul, m'annonçaient que la résistance était arrivée à bout. Le pain allait manquer, on traitait avec l'ennemi, et pendant ce temps, l'émeute attaquait encore une fois l'Hôtel-de-Ville; on s'était battu; il y avait des morts et des blessés.

Enfin le 27 janvier, huit jours après la bataille où j'avais été blessé, M. Moreau arriva à l'ambulance plus tôt que de coutume. Il avait les yeux rouges et il tomba, pour ainsi dire, sur la chaise qui était à côté de mon lit.

— André, me dit-il d'une voix tremblante, tout est fini. Chanzy, battu, s'est replié sur Laval; Bourbaki n'a pu sauver ses 100,000 hommes qu'en les jetant en Suisse; Faidherbe, qu'on croyait victorieux, a été rejeté sur Lille. Il n'y a plus de pain à Paris. La capitulation va être signée.

Mon cœur se gonfla. Je détournai la tête.

Nous restâmes longtemps sans parler. Le malheur qui nous frappait était prévu, inévitable, surtout depuis l'affaire de Montretout; mais on espère toujours quand il s'agit de l'honneur de sa patrie.

. . . .

Quelques jours après, je quittai ma belle garde-malade qui me permit de l'embrasser avant de nous séparer, et, transporté dans sa voiture, à laquelle on avait attelé des chevaux de troupe, j'arrivai chez M. Moreau.

Je ne marchais pas encore, mais je pouvais passer une heure ou deux de la journée dans mon fauteuil. Je lisais sans me fatiguer et je commençais déjà à écrire de la main gauche.

L'armistice que le gouvernement avait signé avec les Prussiens nous donnait le droit de correspondre, par lettres décachetées, avec la province; aussi ma première idée avait été d'écrire à mon père et de lui dire ce qui m'était arrivé, sans lui parler de mon amputation. Je craignais de faire trop de peine à ceux qui m'aimaient. Je disais seulement que j'étais blessé au bras droit, et j'espérais que le coup serait moins rude pour tout le monde, si je leur apprenais peu à peu mon malheur.

Mais ce qui me désolait, c'est que je ne recevais pas de réponse. J'avais pourtant donné mon adresse chez M. Moreau. Il y avait près de cinq mois que je n'avais reçu de nouvelles du village, cinq mois que, tous les jours, j'avais pensé, le cœur bien gros, à ceux que j'aimais; et tout le monde paraissait m'avoir oublié!

Je parlais souvent de mon inquiétude avec M. Moreau, mais il avait l'air d'éviter ce genre de conversation. Il me disait qu'il ne fallait pas me tourmenter, que les correspondances passaient toutes entre les mains des Prussiens, que beaucoup de lettres se perdaient, et que lui-même avait écrit au capitaine Martin sans recevoir de réponse.

Ces explications ne me consolaient qu'à moitié, et la gravité des événements qui se passaient en France venait encore augmenter mes tourments.

Dans l'armistice qui avait été signé avec nos ennemis, il était convenu que la France entière serait appelée à nommer, au moyen du suffrage universel, une Assemblée nationale qui déciderait de la paix ou de la guerre. On avait transmis ces conditions à la délégation de Bordeaux, et personne ne s'attendait, en songeant à l'épuisement de la France, qu'on rencontrerait la moindre opposition, lorsque, le 4 février, je lus dans un journal une proclamation et un décret de Gambetta qui me firent faire des réflexions bien tristes.

La proclamation disait d'abord que la résistance de Paris avait donné à la France le temps d'organiser des armées qui pouvaient encore la sauver, et que, pendant l'armistice, on ne devrait songer qu'à organiser la guerre.

Il n'y avait rien à dire à cela, car, quoique je

n'entende rien à la politique, comme disait mon ami le citoyen Bornat, je crois qu'il vaut toujours mieux, même après un désastre comme celui de l'armée de Bourbaki, dire à l'ennemi qu'on peut le battre que de s'avouer vaincus. On peut quelquefois obtenir ainsi de meilleures conditions.

Mais la proclamation s'emportait ensuite contre le gouvernement de Paris, qui avait signé l'armistice sans consulter la délégation de Bordeaux. Elle en arrivait aux menaces.

Enfin, on y lisait cette phrase qui me parut bien extraordinaire avec la signature de M. Gambetta :

« Pour sauver la patrie, il faut dévouer nos volontés, notre vie, et, sacrifice plus difficile peut-être, laisser là nos préférences. »

C'était vraiment une belle idée, bien patriotique et que devait avoir tout homme de cœur ; mais celui qui la trouvait si naturelle le 31 janvier 1871 n'y avait guère songé le 4 septembre 1870, puisqu'il avait contribué à faire une révolution qui détruisait un gouvernement acclamé par sept millions d'électeurs.

Maintenant il se séparait du gouvernement de Paris ; il paraissait vouloir faire une nouvelle révolution à son profit ; il disait : « Réunissez-vous autour de moi, laissez de côté vos préférences, je vous sauverai. »

Et pourtant qu'avait-il fait jusque-là ? Il avait levé des armées, dépensé des milliards et perdu une armée de 120,000 hommes, la seule sur laquelle on avait pu compter un moment.

Mais le décret qui suivait la proclamation était bien autre chose. Je l'ai copié le jour même parce que, dans quelque temps, ce sera une curiosité et que les gens raisonnables à qui on en parlera ne voudront pas y croire. Le voici :

« Les membres du gouvernement de la défense nationale délégués pour représenter le gouvernement et en exercer le pouvoir.

« Décrètent :

« Art. 1er. Ne pourront être élus représentants du peuple à l'Assemblée nationale les individus qui, depuis le 2 décembre 1851 jusqu'au 4 septembre 1870, ont accepté les fonctions de ministre, sénateur, conseiller d'État et préfet.

« Art. 2. — Sont également exclus de l'éligibilité à l'Assemblée nationale les individus qui, aux assemblées législatives qui ont eu lieu depuis le 2 décembre 1851 jusqu'au 4 septembre 1870, ont accepté la candidature officielle, et dont les noms figurent dans les listes des candidatures recommandées par les préfets aux suffrages des électeurs et ont été au *Moniteur officiel* avec les mentions : candidats du gouvernement; — candidats de l'administration; — candidats officiels.

« Art. 3. — Sont nuls, de nullité absolue, les bulletins de vote portant les noms des individus compris dans les catégories ci-dessus désignées.

« Crémieux, Gambetta, Glais-Bizoin, Fourichon. »

Voilà pourtant comment la liberté, dont les mêmes hommes avaient fait peindre le nom sur tous les murs de Paris, était comprise dans le gouvernement de Bordeaux. Voilà comment se conduisaient ceux qui disaient aux autres : Il faut laisser là nos préférences.

Ils avaient gouverné cinq mois la France sans vouloir être surveillés par une Assemblée ; et maintenant qu'ils ne pouvaient plus faire autrement que d'en laisser nommer une, ils vous prenaient à la gorge et vous criaient : « Vous voterez pour nous ou vous ne voterez pas du tout. »

Heureusement que le gouvernement de Paris se dépêcha d'annuler ce décret qui révoltait tous les honnêtes gens et après une proclamation dans laquelle il disait que « ce qu'il avait voulu avant tout, c'était de n'usurper aucun droit; qu'à la France seule appartenait celui de disposer d'elle-même. »

La guerre civile, qu'on voyait sur le point de commencer après tous nos malheurs, se trouva étouffée.

Il paraît donc, me disais-je en relisant cette proclamation, qu'au 4 septembre, quand on a renversé le gouvernement et renvoyé chez eux tous les députés de la province, on n'a usurpé aucun droit ? Décidément le citoyen Maurice Bornat est plus fort que moi ; il comprend toutes ces belles phrases ; moi, je n'y vois que du feu.

Pendant tout ce temps, j'allais de mieux en mieux ; je n'avais pas eu un seul moment de fièvre depuis mon amputation ; Mme Moreau et sa fille me soignaient comme leur enfant et me donnaient pour nourriture les meilleures choses qui arrivaient dans les marchés de Paris. Les forces me revenaient et le médecin m'avait dit que j'étais hors de danger.

Un jour, c'était celui où les élections venaient de se faire, Mme Moreau, à qui je parlais toujours de ma famille, s'assit près de moi et me dit d'un air triste :

— André, j'ai consulté tout à l'heure le médecin. Il croit que l'inquiétude dans laquelle vous êtes depuis quelque temps peut vous faire encore plus de mal que la certitude d'un malheur. Vous êtes un homme de cœur, je le sais. Vous avez des sœurs, une fiancée, un excellent homme, mon ami le capitaine Martin, qui vous aiment ; vous voudrez vivre encore pour eux. Je vais tout vous dire. Martin m'a écrit il y a déjà plusieurs jours.

— Que dit-il, mon Dieu? Qu'est-il donc arrivé? m'écriai-je en tremblant.

— Tenez, dit M. Moreau, en tirant une lettre décachetée de sa poche : lisez. Le malheur qui vous frappe est grand, mais personne plus que vous n'a le droit d'être fier de son père.

Je compris tout. Je saisis la lettre et, les yeux remplis de larmes, je lus ce qui suit :

« André, mon cher enfant, prépare-toi à la douleur la plus grande qui puisse atteindre un honnête homme, un fils bon et dévoué comme toi. Ton père n'est plus. Il n'a pu supporter le spectacle épouvantable de sa patrie envahie et déchirée par l'étranger; il a voulu, lui aussi, verser son sang pour cette chère France qu'il avait toujours tant aimée. Il est mort pour elle.

« Quand nous reçûmes ta lettre qui nous annonçait que, blessé à Sedan, tu venais de rentrer à Paris, j'étais malade. Une attaque de paralysie m'avait cloué au lit. Tes bonnes sœurs et ton père, à qui j'avais défendu de te parler de ma maladie, car je sais que tu m'aimes et je ne voulais pas te faire de peine, avaient quitté leur maison pour venir me soigner ; ils ne me quittaient plus,

« Ton père me lisait les journaux, qui, tous les jours, nous apportaient des nouvelles désastreuses. Paris était bloqué, Metz venait de capituler, la France n'avait plus d'armées ; elle allait être démembrée et pillée par l'ennemi.

« Nous pleurions bien souvent ensemble en songeant à l'épouvantable catastrophe qui s'abattait sur un peuple considéré, la veille encore, comme le plus puissant de l'univers ; et, quand nous regardions mon vieux sabre d'Afrique et de Crimée qui pendait inutile au-dessus de la cheminée, nous courbions la tête sans oser nous parler plus longtemps.

« Un jour, c'était dans le commencement de novembre, il faisait froid ; ta sœur Madeleine, ce véritable cœur d'ange qui t'aime bien, va, avait poussé mon fauteuil jusque devant la cheminée et était sortie, me laissant à mes douloureuses réflexions, lorsque ton père entra.

« Il ferma la porte avec précaution et vint s'asseoir à côté de moi.

« — Eh bien, Michel, lui dis-je en le voyant plus sombre que de coutume. As-tu encore quelque mauvaise nouvelle à m'annoncer ?

« — Non, capitaine, répondit-il, non, mais je voudrais vous parler d'une idée qui m'empêche de dormir depuis bien longtemps. Je n'y tiens plus ; si j'étais obligé de me taire encore huit jours, je crois que j'en deviendrais fou.

« — Allons, parle, Michel. Dis-moi de quoi il s'agit.

« — Eh bien, capitaine, dit-il brusquement, je trouve que jusqu'à présent je me suis conduit comme un lâche. Je n'ai que cinquante ans; je suis fort, vigoureux comme un jeune homme, je sais ce que c'est que de coucher dans la neige, de souffrir du froid, de la faim, de faire la guerre, quoi; et, pendant que la France est envahie, que mon pauvre enfant se bat à Paris, je reste ici comme une femme, à me croiser les bras. Ça ne peut pas durer; il faut que je parte.

« — Et tes filles, Michel, lui dis-je, tu ne penses donc pas à elles ?

« — Si, si, M. Martin, répondit-il en essuyant une larme. C'est parce que je pense à ces pauvres enfants que je suis resté jusqu'à présent au village; mais ceux qui se battent n'ont-ils pas aussi un père, une mère ou des enfants qu'ils aiment et qui ont besoin d'eux ? Quand le pays est victorieux, voyez-vous, capitaine, ceux qui ont mon âge et des enfants peuvent rester chez eux; mais, quand il est écrasé comme aujourd'hui, il n'y a pas de famille qui tienne; il faut marcher, ou alors on n'a plus le droit de lever la tête.

« — Que comptes-tu donc faire, Michel?

« — Voici. Vous savez qu'on organise à Orléans une armée qui doit marcher au secours de Paris. Elle va se battre un de ces jours ; je veux être là. Je m'engagerai dans un corps de francs-tireurs qu'on forme à Tours ; et, si nous sommes victorieux et que Dieu nous protége, dans quelques jours je pourrai embrasser mon pauvre André, qui, comme moi, aura fait bravement son devoir.

« Ah ! André, c'est à ce moment surtout que j'ai compris quel honnête homme c'était que ton père ; c'est à ce moment que la maladie qui me clouait dans un fauteuil m'a paru mille fois plus cruelle que la mort. Je serrai les mains de Michel, je l'embrassai et je lui dis :

« — Fais ce que tu veux, mon vieil ami. Le capitaine Martin n'empêchera jamais un Français de se dévouer pour son pays ; mais, en partant, console-toi sur le sort de tes enfants. Ils sont les miens. S'ils te perdaient, ils trouveraient en moi un second père.

« Quelques jours après, ton père partit. Il n'avait rien voulu dire de ses projets à Madeleine ni à petite Rose, mais les pauvres enfants semblaient se douter que le voyage qu'il avait donné pour prétexte leur cachait un malheur. Les adieux furent déchirants.

« Pendant dix jours je reçus des lettres de mon pauvre Michel. Il me disait qu'il était à l'armée, qu'il avait déjà fait le coup de feu avec les Prussiens, qu'il espérait une victoire et qu'il reviendrait avant longtemps embrasser ses chers enfants. Puis les lettres s'arrêtèrent, et nous apprîmes par les journaux que l'armée de la Loire venait d'être battue par les Prussiens.

« Enfin, un soir que je rêvais tristement devant la cheminée, ma vieille servante m'annonça qu'un homme, un soldat, demandait à me parler. Je lui dis de le faire entrer. C'était un franc-tireur de la compagnie de ton père ; il portait le bras en écharpe.

« Je sentis un frisson dans tout mon corps. Je fis signe à la servante de sortir.

« — Qu'y a-t-il ? monsieur, dis-je au franc-tireur. Parlez vite, je vous en supplie.

« — Je viens, dit-il, accomplir une promesse que j'ai faite à un brave soldat de ma compagnie qui est mort en combattant près d'Orléans. Il s'appelait Michel Artaud.

« Je penchai la tête ; je pleurais.

« — Au moment de la retraite, dit-il, pendant que nous cherchions à arrêter les tirailleurs prussiens, il reçut une balle dans la poitrine et tomba à côté de moi. Je voulus lui porter secours.

« — Il est trop tard, me dit-il. Mais si vous réchappez, promettez-moi de porter cette lettre aux Aulnais, près d'Angoulême.

« — Je vous le promets, dis-je.

« — Merci.....

« Il ne respirait plus que faiblement.

« — Vous direz au capitaine Martin que j'ai fait mon devoir... qu'il embrasse pour moi mes chers enfants...

« Puis il tira cette montre d'argent de sa poche.

« — Il donnera cette montre à mon fils...

« Quand je pris la montre, il était mort. »

« Voilà, mon enfant, tout ce que j'ai pu savoir de ton brave père. Tu l'as toujours connu un honnête homme : il a fait son devoir jusqu'au bout; c'était un Français.

« Tu le pleureras, André, comme je pleure en lui mon meilleur ami. Mais tu songeras que maintenant c'est toi qui dois le remplacer près de tes sœurs. Je suis vieux, infirme ; je n'ai pas longtemps à vivre : il faut te consoler.

« Guéris-toi, pauvre enfant. Tu as bien souffert toi aussi, je le sais, car je connais ton affreuse blessure; mais il faut vivre, tu m'entends. Tes sœurs n'auront bientôt plus que toi.

« Viens nous trouver quand les médecins penseront que tu peux voyager sans danger. Tu habiteras chez moi, où tes sœurs sont toujours installées. Nous parlerons de ton glorieux père, des souffrances que tu as supportéés, de la France, qui est si malheureuse, mais qui se relèvera un jour plus belle, plus puissante que jamais.

« C'est toi, mon fils d'adoption, qui me fermeras les yeux.

« MARTIN. »

XVI

LA COMMUNE.

Je ne vous dirai pas l'effet que me produisit cette lettre qui m'apprenait la mort de mon pauvre père. Quand, comme moi, on n'a pas l'habitude d'écrire, il y a des choses qu'on ne peut pas raconter, et ces choses-là sont précisément celles qui vous touchent le plus.

Je pleurai longtemps, puis la fièvre, que je n'avais pas sentie jusque-là, s'empara de moi; l'état de ma blessure empira et il fallut toute l'affection qu'on me témoignait chez M. Moreau pour me faire comprendre qu'en me laissant aller à ma douleur, j'exposais mes pauvres sœurs à se trouver bientôt seules au monde.

Enfin ma fièvre se calma, la conscience des devoirs que j'avais encore à remplir dans la vie me donna du courage, et tout danger disparut. Mais le coup que j'avais reçu était si terrible que ma guérison fut beaucoup retardée, et c'est à cette circonstance que je dus d'assister à des événements encore plus épouvantables que ceux que j'avais vus en si peu de temps.

Je veux parler de *la Commune*.

Je vous ai déjà dit qu'au moment où, sur l'avis du médecin, M. Moreau m'avait communiqué la lettre du capitaine Martin, on faisait les élections pour l'Assemblée nationale.

On croyait que Paris, qui, au milieu de toutes les souffrances du siége, avait vu plusieurs fois les hommes de la Commune tâcher de faire une révolution qui ne pouvait qu'augmenter ses misères, voterait pour des hommes amis de l'ordre.

Eh bien, on se trompait.

La plus grande partie des représentants qu'il envoyait à l'Assemblée étaient ces individus qui avaient poussé les gardes nationaux de Belleville à attaquer l'Hôtel-de-Ville, ces journalistes ou ces grands parleurs de clubs qui voulaient renverser le gouvernement du 4 septembre pour installer ce qu'ils appelaient *la Commune*.

Tous ces représentants étaient partis pour Bordeaux, où l'Assemblée se réunissait ; mais, en attendant, ceux qui étaient du même parti qu'eux ne se gênaient pas pour crier qu'ils avaient été trahis, que la province n'avait nommé que des réactionnaires qui voulaient faire la paix à tout prix pour renverser la République. Ils fraternisaient avec les soldats qu'on avait désarmés, et il n'était pas bien difficile de voir que, quand ils le voudraient, ils feraient encore une révolution, si les autres gardes nationaux ne se réunissaient pas pour l'empêcher.

Les journaux nous apportaient tous les jours des nouvelles de l'Assemblée nationale. Elle avait nommé pour président M. Thiers, et elle discutait la question de la paix ou de la guerre. Mais c'était une chose bien triste que ces discussions, car il y avait des hommes, des généraux qui avaient toujours été battus par les Prussiens au moment où Paris tenait encore et qui prétendaient que, malgré sa capitulation, on pouvait chasser les Prussiens en continuant la guerre.

J'aime beaucoup mon pays; malgré tous ses malheurs, peut-être même à cause d'eux, je suis fier de lui appartenir. J'espère, avant de mourir, le voir plus grand qu'il n'a jamais été. Mais il n'y avait pas besoin d'être général pour comprendre que, si la guerre continuait, les 400,000 hommes qui bloquaient Paris allaient mettre une garnison dans nos forts et ruiner le reste de la France en poussant devant eux les armées de Chanzy et de Faidherbe, qui finiraient comme celle de Bourbaki.

Alors nous aurions été ruinés peut-être pour toujours, et la revanche aurait, pour sûr, été impossible.

Ces choses-là me paraissaient si faciles à comprendre que j'ai cru longtemps que les généraux qui voulaient la guerre à outrance en parlaient seulement pour tâcher d'obtenir de meilleures conditions de paix. Mais depuis, j'ai lu des ouvrages dans lesquels ils soutiennent la même chose ; aussi je n'ose pas vous dire ce que je pense d'eux.

Enfin la paix fut signée. Quelle paix, mon Dieu ! La France perdait l'Alsace et la Lorraine ; elle payait cinq milliards, et, pour nous humilier jusqu'au bout, les Prussiens exigeaient que leur armée entrât, pendant une journée, dans Paris.

Voilà comment cette guerre, qui avait commencé aux cris de : A Berlin ! finissait.....

La leçon était dure, épouvantable. Le cœur saignait quand on songeait que 100,000 hommes, peut-être plus, avaient donné leur vie pour aboutir à une pareille humiliation. C'était le moment de mettre de côté ses préférences, comme disait M. Gambetta, et de ne penser qu'à réparer nos malheurs.

Hélas, voici ce qu'on fit à Paris :

La veille du jour où les Prussiens devaient entrer dans la ville, il faisait un beau soleil, on avait roulé mon fauteuil près de la fenêtre et je causais avec

Mᵐᵉ Moreau, lorsque nous vîmes passer sur le boulevard des bandes d'hommes, de femmes et d'enfants. Ils étaient attelés à de longues cordes, avec lesquelles ils traînaient des canons qu'ils avaient enlevés aux remparts.

Ils chantaient la *Marseillaise*, ils criaient : *A bas Trochu ! à bas les traîtres !* et ils se dirigeaient vers Belleville.

Personne ne leur disait rien. On riait en les voyant passer. On aurait dit qu'il s'agissait d'une plaisanterie.

En tête d'une de ces foules, je reconnus mon ami le citoyen Maurice Bornat, qui tirait la corde et criait plus fort que les autres.

Ces gens-là prétendaient qu'ils ne prenaient ces canons que pour empêcher les traîtres de les livrer aux Prussiens. Mais, quelques jours après, quand l'Assemblée nationale, qui venait d'arriver à Versailles, les réclama, ils répondirent qu'ils leur appartenaient et qu'ils ne voulaient pas les rendre.

M. Moreau me raconta même que tous ces canons étaient rassemblés sur les hauteurs de Montmartre et de Belleville, qu'ils étaient braqués sur Paris et que des bataillons entiers de gardes nationaux les gardaient le fusil à la main.

Tout cela dura une quinzaine de jours. On savait

que les gens qui avaient pris les canons étaient ceux qui avaient attaqué l'Hôtel-de-Ville pour proclamer la Commune; on savait aussi qu'ils avaient des chefs qui n'étaient pas reconnus par le gouvernement; que l'armée ne pouvait plus les arrêter, puisqu'elle n'avait pas de fusils. Eh bien, les autres gardes nationaux, qui avaient conservé leurs armes, ne s'occupaient de rien. Ils allaient en riant voir les canons à Montmartre; les journaux faisaient des plaisanteries sur l'Assemblée nationale; on avait l'air de s'amuser beaucoup.

Enfin, le 19 mars, M. Moreau entra tout pâle dans ma chambre.

— André, me dit-il, un nouveau malheur nous frappe, et celui-ci est peut-être le plus grand de tous. Le gouvernement a voulu faire reprendre les canons de Montmartre et de Belleville, la troupe a levé la crosse en l'air. On a assassiné deux généraux. La Commune est proclamée et le reste de l'armée s'est replié sur Versailles.

C'est la guerre civile, et les Prussiens sont encore dans nos forts!...

— Mais, dis-je, la garde nationale honnête, celle qui souffre des malheurs du pays, elle ne fait donc rien, elle qui a des armes?

— Rien, répondit-il. Et c'est toujours ainsi que

se font les révolutions. Sous tous les gouvernements, quels qu'ils soient, il y a un certain nombre d'individus dont l'ambition n'est pas satisfaite et qui ont intérêt à tout bouleverser. Ils ont toujours de grands mots bien vides à jeter à la tête des gens ; ils inventent toutes sortes de calomnies contre ceux qui gouvernent ; ils racolent, pour faire des émeutes, la lie de la population, à laquelle se mêlent souvent de braves gens grisés par des mots qu'ils ne comprennent pas ; puis le drame commence. On porte en triomphe les individus condamnés pour avoir insulté le chef de l'État, on renverse les voitures pour faire des semblants de barricades et on crie à l'assassinat quand les sergents de ville dissipent à coups de poing les émeutiers. Paris rit ; il s'amuse de voir le gouvernement tracassé ; il est moqueur avant tout et il croirait perdre sa réputation d'esprit s'il ne trouvait pas la plaisanterie excellente. Si même on fait des élections, il se dit : « N'oublions pas que nous sommes les seuls politiques de la France. Or, il faut une opposition à tout gouvernement ; la province va nommer des conservateurs ; nommons l'opposition. » Et il acclame les chefs même de l'émeute.

Mais un beau jour, les émeutiers se sentent organisés pour la lutte ; ils descendent armés dans la rue. Le gouvernement craint de verser du sang; il sait que tout le monde lui jetterait la pierre; il hésite, l'émeute s'enhardit, elle triomphe, et le bourgeois rentre chez lui en se disant :

« Je n'aurais jamais cru que les choses en arriveraient là. Ma fois tant pis! que le gouvernement s'en tire ; c'est son affaire. »

Le lendemain, je lisais dans les journaux une proclamation qui commençait ainsi :

A LA GARDE NATIONALE.

« Citoyens,

« Vous nous aviez chargés d'organiser la défense
« de Paris et de vos droits.

« Nous avons la confiance d'avoir rempli cette
« mission. Aidés par votre généreux courage et
« votre formidable sang-froid, nous avons chassé ce
« gouvernement qui nous trahissait, etc.....

« *Le comité de la garde nationale.* »

Ainsi une assemblée nationale venait d'être nommée par toute la France, et les gardes nationaux de Belleville et de Montmartre la chassaient en disant qu'elle était composée de traîtres!... Voilà comment on respectait la nation. Et ces gens-là avaient toujours le mot de liberté à la bouche.

Je me demandais quelquefois si le comité de la garde nationale ne nous prenait pas pour des idiots.

Mais ce qu'il y avait de plus étonnant encore, c'était de voir que des hommes qui avaient fait la révolution du 4 septembre, et qui étaient encore ministres, entraient dans une colère épouvantable contre ceux qui s'étaient emparés de l'Hôtel-de-Ville. Ils criaient que c'était un crime abominable de chasser les représentants nommés par le suffrage universel, qu'il fallait respecter la volonté de la France, et que ceux qui avaient fait la nouvelle révolution étaient des misérables qu'on allait livrer à la justice.

Si les Prussiens n'avaient pas été dans nos forts et si la France n'avait pas été si malheureuse, toutes ces choses auraient été bien drôles. Car enfin, si ceux qui chassaient les représentants de la nation et qui se moquaient du suffrage universel étaient des misérables, les hommes du 4 septembre, comme on les appelait, étaient les premiers de tous. Avant de faire juger les autres, ils auraient dû commencer par donner leur démission et se faire juger eux-mêmes.

Il ne faut pas avoir beaucoup de bon sens pour

comprendre ces choses-là. Ce qui est le soleil aujourd'hui ne peut pas demain être la lune, parce que vous avez intérêt à le dire.

En attendant, le nouveau gouvernement de Paris commençait, comme l'autre, par mettre en liberté tous les gens condamnés par les conseils de guerre. Il paraît que c'est toujours par là qu'on commence. Il suffit d'une révolution pour qu'un gredin devienne tout à coup un honnête homme.

Et le comité de la garde nationale, qui ne parlait, avant le 18 mars, que de recommencer la guerre à outrance, déclarait bien vite qu'il respecterait les conditions de la paix.

Enfin, je vais le dire parce qu'il faut rendre justice à tout le monde, le nouveau gouvernement annonçait qu'il allait faire faire des élections pour nommer ses chefs, et il tint parole, ce qu'on n'avait même pas fait sous le gouvernement de la défense nationale.

Cependant les honnêtes gens commençaient à voir que les choses allaient mal. Ils avaient beaucoup ri quand ceux de Belleville avaient pris les canons; ils avaient encore un peu ri quand l'armée avait été obligée de se sauver à Versailles; mais maintenant ils ne riaient plus.

Ils avaient des fusils et ils étaient beaucoup plus

nombreux que les autres, mais ils n'y pensaient probablement pas. Presque tous restaient chez eux. Les autres voulurent faire une *manifestation* pour la paix.

Ils vinrent, en bourgeois et sans armes, sur la place Vendôme, où les Bellevillois avaient un bataillon armé jusqu'aux dents. Ils voulurent passer. Les Bellevillois étaient braves depuis qu'ils n'avaient plus de Prussiens devant eux. Ils firent feu et tuèrent plusieurs personnes.

Alors les bourgeois se tinrent tranquilles. Quelques hommes courageux essayèrent d'organiser une résistance, mais on ne les écouta pas, et les hommes qui pouvaient faire quelque chose pour arrêter la révolution s'en allèrent de Paris.

Enfin, quand les élections furent faites, il y eut tant de gens de partis et tant qui ne s'occupaient même pas de voter que les chefs de l'émeute furent nommés.

Ah ! Paris, qui avait été si beau pendant le siége, était tombé bien bas. Il prouvait bien, comme le disait M. Moreau et comme je l'avais toujours pensé, qu'il n'avait pas le droit d'imposer sa volonté à la France, puisque la plus grande partie de sa population laissait faire une révolution par des gens qu'elle méprisait et qui nous déshonoraient devant le monde entier.

Voilà pourtant où on en arrive quand on ne respecte pas le suffrage universel.

C'est à peu près à cette époque que le capitaine Charles arriva chez ses parents.

Ah! que toute la maison fut heureuse! Le père, la mère, Mlle Marie et M. Adolphe ne voulaient plus quitter ce brave officier. On lui faisait raconter cent fois ses souffrances, qui avaient été épouvantables, car il était resté pendant dix jours après son amputation couché sur la paille, sans linge, sans médicaments, presque sans nourriture. C'était un miracle qu'il fût sauvé.

Tout le monde pleurait en l'écoutant, et moi, qui pensais que son avenir était fini, que le travail de toute sa vie était perdu, qu'une petite retraite, qui ne lui donnerait même pas de quoi vivre, allait être sa seule récompense, je pleurais comme les autres.

Lui ne se plaignait jamais. Il ne pensait qu'aux malheurs de la France. On voyait qu'il aurait donné ce qui lui restait de vie pour éviter de nouvelles souffrances à son pays.

C'était un vrai cœur de soldat et d'honnête homme. S'il y en avait eu beaucoup comme lui, la France n'aurait jamais vu l'étranger dans sa capitale.

Cependant je commençais à pouvoir marcher.

M. Moreau m'avait prêté des habits bourgeois, parce qu'il n'était pas prudent de se montrer en uniforme, et j'allais tous les jours faire une petite promenade sur la place qui se trouve devant une grande maison qu'on appelle les Magasins réunis.

Le printemps approchait, il faisait quelquefois un soleil magnifique. Je m'asseyais sur un banc, près des arbres qui se couvraient de bourgeons, et je pensais à mon village que j'allais bientôt revoir; à mon pauvre père que je ne reverrais plus.

Un jour, j'étais assis sur mon banc habituel et je regardais passer le monde, lorsqu'un officier des *fédérés* (c'est ainsi qu'on appelait les gardes nationaux de la Commune), un officier qui avait de grandes bottes comme un cuirassier et un grand sabre qui traînait par terre, s'arrêta brusquement à côté de mon banc et se mit à crier :

— Tiens, c'est le citoyen André ! Comment ça va-t-il, mon brave ?

Je reconnus alors mon ami Maurice Bornat, l'ouvrier de Belleville.

— Merci, lui dis-je, en serrant la main qu'il me tendait. Je vais assez bien. Et vous ?

Il regarda un instant ma manche vide, puis je vis ses yeux qui devenaient humides, et il me dit :

— Je ne connaissais pas votre malheur. Ça me fait bien de la peine.

Je voyais bien qu'il pensait ce qu'il disait, aussi je le remerciai et je cherchai à changer la conversation.

— Vous êtes donc officier? lui dis-je.

— Comme vous voyez, répondit-il. On savait que j'avais toujours été partisan de la Commune, qu'au 31 octobre j'étais entré à l'Hôtel-de-Ville, aussi, le lendemain du 18 mars, on m'a nommé capitaine.

— Ah! dis-je en me rappelant l'état dans lequel il était venu me trouver à l'écurie après l'affaire de l'Hôtel-de-Ville. Et votre ancien capitaine?...

— Cambusard? Il est chef de bataillon. C'est un rude gaillard, allez. Il nous a prouvé que c'étaient son courage et son sang-froid qui nous avaient sauvés à l'Hôtel-de-Ville, car ces traîtres de Bretons à Trochu voulaient nous égorger. Nous l'avions mal jugé..... Quel dommage que vous ayez été blessé! Vous vous seriez mis avec nous et vous seriez venu demain à Versailles.

— Comment?

— Eh! à pied, dit-il en plaisantant. On a assez de tous ces traîtres de l'Assemblée qui ne veulent pas reconnaître la Commune. On va marcher contre eux et les prendre comme dans une souricière. Toute la ligne est pour nous; elle lèvera la crosse en l'air. Il n'y aura que les sergents de ville et les chouans de Charette qui se défendront; mais leur compte est bon. Où demeurez-vous?

— Boulevard du Prince-Eugène, n°..... Je suis chez des amis.

— Eh bien! en revenant de Versailles, j'irai vous voir. Qui sait? je pourrai peut-être vous rendre service, car les affaires vont joliment marcher à Paris. Eudes et Mégy sont mes amis; j'aurai d'eux tout ce que je voudrai. Allons, adieu, mon pauvre camarade.

Et il partit après m'avoir serré la main.

Le lendemain, dans la soirée, on voyait passer sur le boulevard des troupes de fédérés, la tête basse, couverts de poussière, beaucoup n'avaient plus de fusils. J'en arrêtai un pour savoir des nouvelles.

— Nous sommes trahis, me dit-il. On nous avait dit que le commandant du Mont-Valérien était pour nous. On nous fait passer à côté du fort et voilà que ces canailles de Versaillais tirent sur nous! S'ils avaient voulu, ils nous auraient tous massacrés. Ces brigands-là ont tué Flourens, mais ils le payeront.

A partir de ce moment, la guerre civile était engagée avec une fureur qui ressemblait à de la rage. Les insurgés s'étaient emparés de tous les forts que les Prussiens n'occupaient pas, excepté celui du Mont-Valérien; on se battait tous les jours, et les Prussiens pouvaient voir avec leurs lunettes des Français qui s'égorgeaient à côté d'eux.

C'était quelque chose d'épouvantable, n'est-ce pas? C'était, après nos défaites, qui étaient peut-être les plus grandes qu'on ait jamais vues chez les grandes nations, le déshonneur, la honte.

Eh bien, il y avait encore des choses plus horribles que tout cela. Il y avait des gens qui écrivaient dans des journaux pour dire qu'ils n'avaient jamais désiré se battre contre les Prussiens, mais que maintenant qu'ils avaient des Français devant eux, amais ils n'avaient ressenti *une si grande joie, un si grand enthousiasme.*

Rien ne nous manquait plus pour nous faire mépriser des autres peuples.

Et pour la liberté, au nom de laquelle on avait encore fait cette révolution, savez-vous comment on la comprenait?

On forçait tous les hommes de dix-sept à trente-cinq ans à marcher pour la Commune; on emprisonnait toutes les personnes qu'on voulait, en disant qu'elles étaient pour le gouvernement de Versailles.

C'étaient des *otages:* on devait les fusiller si l'Assemblée nationale faisait juger les prisonniers qu'elle faisait. On commençait à piller les caisses de la Banque.

La France paraissait perdue, et pourtant elle n'était pas encore au bout de ses malheurs.

XVII

LA MORT DE CAMBUSARD.

Je voudrais déjà avoir fini de vous raconter les affaires de la Commune, car, pour la première fois de ma vie, elle m'a fait rougir d'être Français. Mais je crois qu'il faut que ceux qui n'ont pas vu Paris à cette époque sachent toutes les choses abominables qui s'y sont passées. Ils verront ce qu'il en coûte de laisser faire des révolutions aux noms de liberté, de république et d'autres grands mots, qui ne peuvent signifier de grandes choses que quand ils marchent avec l'ordre, et que ce n'est pas l'émeute mais le vote du pays qui les proclame.

Ah! il n'est pas difficile de dire qu'un gouvernement n'est pas parfait et qu'avec lui tout le monde n'est pas heureux. Ce qui est difficile, c'est d'en trouver un meilleur.

On critique bien avec de belles phrases, mais on ne gouverne pas avec ça. Aussi ceux qui la veille criaient contre les impôts, contre la conscription et beaucoup de choses du même genre, sont obligés le lendemain, quand ils sont les maîtres, de les conserver ou même d'en inventer de plus dures.

Je vous ai déjà dit que c'était en criant : Vive la Liberté! Vive la République! que les gens de la Commune avaient *chassé* l'Assemblée qui venait d'être nommée par toute la France, et assassiné deux généraux.

Plus tard, ils avaient aboli la conscription et décrété en même temps que tous les hommes de dix-sept à trente-cinq ans feraient partie de la garde nationale. Maintenant, ils faisaient poursuivre les *réfractaires*. On cernait les maisons des hommes qui étaient restés à Paris et qui ne voulaient pas se battre contre des Français; on les envoyait en prison, et, après, on les forçait à aller au feu.

Les femmes surtout étaient enragées. Quand leur mari ne voulait pas marcher, elle le traitaient de lâche; elles l'insultaient; et beaucoup d'hommes, qui se seraient cachés pour travailler, étaient obligés d'aller se battre pour avoir la paix dans leur ménage.

Je n'ai pas besoin de vous dire que, quand je parle des femmes comme je viens de le faire, je n'entends pas les honnêtes mères de famille qui aimaient leur mari et leurs enfants. Mais les autres étaient bien plus nombreuses qu'on ne pourrait le croire, et, surtout depuis le moment où la Commune avait décidé que les veuves des gardes nationaux tués en se battant contre l'armée auraient une pension de douze cents francs, elles étaient comme de véritables furies.

Il y en avait même qui s'étaient fait habiller en cantinières. Elles avaient de grandes écharpes rouges, comme le drapeau de la Commune, et elles allaient se battre avec des chassepots.

Enfin, à un moment, il y eut même un bataillon de femmes qui avait pour chef *une colonelle*. Je vous laisse à penser ce que c'était que ces femmes et le gouvernement qui les employait.

Tous les jours, on apprenait qu'on avait pillé des églises, qu'on y avait installé des clubs et emprisonné les prêtres.

On chassait les religieuses de leurs couvents; on disait qu'elles avaient commis des crimes abominables. On insultait les gens de la province parce qu'ils ne faisaient pas comme Paris; on les appelait des ruraux; enfin les soldats qui faisaient leur devoir étaient des roussins, des Versailleux.

Il y avait, dans un quartier tout proche de celui où demeurait M. Moreau, un commissaire de police que je voyais souvent passer avec son chapeau en arrière, sa grande écharpe rouge toute déchirée, son pistolet à la main ou à la ceinture. Il était presque toujours ivre, et, quand il faisait des réquisitions chez un épicier ou chez un boulanger, il commençait toujours par le menacer de lui brûler la cervelle.

Plusieurs fois, en regardant ce drôle de commissaire de police, je m'étais dit que je l'avais vu quelque part. Enfin un jour, je vis que je ne m'étais pas trompé.

C'est dans une bien triste circonstance, que je vais vous raconter.

Un soir, la nuit approchait, j'allais rentrer chez M. Moreau, lorsque j'entendis du bruit derrière moi sur le boulevard, et, en me détournant, j'aperçus le fameux commissaire de police, ivre comme d'habitude, qui marchait, le pistolet à la main, à la tête d'un piquet de gardes nationaux, autour duquel il y avait une grande foule de femmes et d'enfants. Au milieu des gardes nationaux, marchaient trois prêtres et un vieillard à cheveux blancs. Je regardai ces malheureux, qu'on conduisait en prison, quand l'un des prêtres releva la tête, et je ne pus retenir un cri. C'était le frère Abel, qui m'avait sauvé la vie à Montretout.

J'étais resté immobile, tant ce que je venais de voir m'avait frappé ; mais, en ce moment, une main se posa sur mon épaule et le citoyen Maurice Bornat me dit d'un air tout content :

— Eh bien! citoyen André, on ne reconnaît donc pas ses amis aujourd'hui?

Une idée, une bien heureuse idée, je vous assure, me passa tout de suite par la tête, et je serrai bien vite la main que me tendait le capitaine de la Commune.

— Si, si, lui dis-je, je suis bien content de vous voir. J'ai même un service à vous demander.

— Allez, dit-il; si c'est possible, ça se fera.

— Vous m'avez dit l'autre jour que certains membres de la Commune étaient vos amis, lui dis-je. Je voudrais sauver un des prêtres qu'on emmène devant nous.

— Ah diable! fit-il en se grattant l'oreille. Comme vous y allez! Je ne demanderais pas mieux que de vous faire plaisir; mais savez-vous ce que c'est que ces prêtres? Ce sont des otages. On les conduit à la Roquette, et...

— Et on les fusillera peut-être?

— On le dit, mais je n'en crois rien. Tout ça c'est pour faire peur aux Versaillais. Vous comprenez bien que, pour ce qui me regarde, je veux bien me battre pour la République; mais si on voulait tuer des malheureux parce qu'ils ont dit la messe, je n'en serais plus.

— Eh bien, lui dis-je, moi je crains qu'on ne les

fusille. Ce pauvre prêtre dont je vous parle est un frère de la Doctrine chrétienne, un jeune homme qui, au risque d'être tué cent fois, m'a ramassé sur le champ de bataille au moment où j'allais mourir. Sauvez-le et je vous en serai reconnaissant toute ma vie.

— Diable! diable! disait toujours le citoyen Bornat. Je pourrais bien parler à Eudes, mais, depuis qu'il est général, il pose avec moi; Mégy est arrêté... Tiens, une idée : c'est Roussel qui les conduit en prison; il est soûl comme toujours ; je me charge de votre affaire. Comment s'appelle-t-il, votre brave homme de frère ?

— Frère Abel. C'est le plus jeune.

— C'est bien ; demain je viendrai vous dire si j'ai réussi.

— Non, ce soir, je vous prie.

— Alors, attendez-moi là.

Et le citoyen Bornat se mit à courir aussi vite que son grand sabre pouvait le lui permettre.

Je restai environ une heure sur le trottoir. Je pensais à tout ce qu'il y avait de révoltant de voir ce pauvre frère, si brave, si dévoué, si modeste, arrêté comme un misérable par Roussel, un assassin ! Les minutes me paraissaient longues comme des siècles. Enfin j'aperçus mon ami Bornat qui revenait en faisant des zigzags sur le trottoir.

— Eh bien? lui criai-je.

— C'est fait, dit-il; mais vous êtes cause que j'ai pris une culotte carabinée.

— Ainsi on l'a mis en liberté!

— Oui, et, par-dessus le marché, on lui a donné un laissez-passer pour sortir de Paris. Dites que je ne fais pas bien les choses?

— Merci, dis-je, vous m'avez rendu bien heureux.

— Et vous, vous m'avez fait boire un demi-litre d'eau-de-vie. C'est une véritable éponge que ce Roussel, mais c'est un fameux patriote tout de même.... Sacredieu! est-ce qu'on ne va pas bientôt allumer le gaz? Je vois bien trente-six chandelles, mais du diable si je pourrai retrouver la rue du Faubourg-du-Temple.

— Voulez-vous que je vous accompagne?

— Non, non, ça passera.

— Alors, encore une fois merci.

— C'est bon, c'est bon... Ah! à propos, j'ai dit au frère Abel que c'était vous qui m'aviez parlé de lui. Allons, au revoir. Vive la Commune! nom d'une pipe!

Le lendemain, je reçus en effet une lettre du frère Abel. Il avait quitté Paris et était maintenant en sûreté à Melun.

Ainsi ce jeune homme que je regardais comme un saint, que tout le monde aurait dû respecter à cause de son dévouement pendant le siége, n'avait été sauvé du massacre des otages, qui eut lieu plus tard, que parce que le citoyen Bornat avait payé une bouteille d'eau-de-vie à un Roussel !

Pendant que ce que je viens de vous raconter se passait, on continuait à se massacrer entre Français. Le canon ne s'arrêtait jamais; la nuit on sonnait le tocsin et la générale, on rapportait, dans des charrettes ou des omnibus, les morts de la journée, et le lendemain on les enterrait en *libres penseurs*, c'est-à-dire sans prêtres.

C'était une chose curieuse que ces enterrements:

Le corps était placé dans un char ordinaire, mais qui, à chaque angle, portait un grand drapeau rouge. La musique des fédérés marchait derrière; elle jouait la *Marseillaise* ou d'autres airs du même genre, et des femmes, parmi lesquelles se trouvait souvent celle du mort, criaient: Vive la Commune !

On aurait cru que ceux qui venaient de mourir étaient des héros qui s'étaient battus contre les Prussiens. Toute leur gloire était pourtant d'avoir tiré sur des Français pour détruire le gouvernement nommé par la nation.

Bon Dieu ! est-il possible de voir de pareilles choses

et de penser que ceux qui ont amené tout cela se disent encore aujourd'hui des honnêtes gens !

Pourtant, malgré les journaux de la Commune, qui racontaient tous les jours qu'on avait battu les *Versailleux*, les choses n'allaient pas trop bien pour les fédérés. Le fort d'Issy venait d'être pris par l'armée, et les autres forts étaient serrés de près. Alors on s'occupait des barricades : on nommait pour *barricadier* en chef un cordonnier, comme le gouvernement du 4 septembre avait nommé un journaliste pour faire la même chose. Les gens de la Commune disaient qu'ils détruiraient Paris si jamais *l'ennemi* y entrait, ce qui ne pouvait arriver que par trahison, et, en attendant, ils décrétaient que la colonne Vendôme serait abattue.

Je dois vous dire que ces deux dernières choses paraissaient tellement ignobles que personne n'y croyait. M. Moreau, lui-même, qui pourtant n'avait pas une trop bonne opinion des hommes de la Commune, levait les épaules quand je lui parlais de ces affaires-là, et me disait :

— Allons donc ! ces drôles commencent à avoir peur, voilà tout. Ils veulent nous faire croire qu'ils sont encore plus misérables qu'ils ne sont. Ils ne détruiront rien, et la colonne Vendôme restera debout. Il se trompait. Un jour, une grande foule se porta sur la place où s'élevait le monument de notre gloire passée. Des musiques jouaient la *Marseillaise* et le *Chant du départ*. La colonne, sciée par le bas, tomba en se brisant sur un lit de fumier. La foule applaudit et se jeta sur les morceaux pour les voler.

Le soir, on jouait dans tous les théâtres, on chantait une complainte sur la colonne, on riait. On rit toujours à Paris ; il paraît que c'est la manière de prouver qu'on a de l'esprit.

Voilà comment, après nos défaites, après la paix honteuse que nous venions de signer par force avec les Prussiens, on cherchait à effacer même le souvenir du temps où la France était une grande nation.

Il faut pourtant dire que, du temps de la Défense nationale, il avait déjà été question de renverser la colonne pour en faire des canons. On prétendait même que plusieurs membres du gouvernement étaient de cet avis ; mais je n'ai jamais voulu le croire. J'ai toujours pensé qu'il n'y avait que des Prussiens pour pouvoir avoir de pareilles idées, et que c'étaient eux qui avaient payé des misérables pour l'exécuter. Aussi bas que soit tombé un peuple, il respecte toujours la gloire de ses pères, n'est-ce pas ?

Enfin toutes ces horreurs approchaient de la fin, et cette fin devait être encore plus épouvantable que le reste. Un jour, on afficha, malgré la Commune, une proclamation de M. Thiers qui disait aux Parisiens que l'armée allait bientôt entrer dans Paris et qu'il engageait les bons citoyens à aller au-devant d'elle pour combattre les insurgés. Personne ne bougea. Beaucoup d'honnêtes gens étaient allés attendre à la campagne que les choses fussent finies ; les autres avaient peur, ou bien ils trouvaient que c'était l'affaire des lignards.

Comme vous devez le penser, la Commune répondit tout de suite qu'elle ne faisait la guerre que pour la liberté et que les représentants de la France étaient des despotes et des assassins.

Puis elle décréta que tous les commerçants qui avaient du pétrole, du soufre, du phosphore, etc... devaient les livrer à ses délégués.

Elle disait que c'était pour éclairer la ville si le gaz venait à manquer ; mais je n'avais jamais entendu dire que le soufre et le phosphore pouvaient servir pour l'éclairage.

Dans la nuit du 21 au 22 mai, j'étais resté tard dans la chambre du capitaine Charles, qui souffrait depuis plusieurs jours de sa blessure et qui gardait le lit. Je venais de m'endormir, lorsque le bruit du tocsin et des clairons qui sonnaient la générale me réveilla.

Je me mis à la fenêtre, et alors je vis des fédérés qui se réunissaient sur le trottoir. Ils parlaient haut. Ils disaient que l'armée de Versailles était entrée dans Paris et que c'étaient des traîtres qui avaient ouvert les portes.

Je pensai :

— Allons, bon. Ça m'étonnerait bien s'il n'y avait pas de traîtres là-dedans. Depuis que je suis à Paris, il ne nous est jamais rien arrivé de malheureux sans que ce soit par trahison.

Le canon tonnait, il faisait trembler les vitres. On voyait qu'il s'était beaucoup rapproché. Les mitrailleuses grinçaient, le bourdon de l'église de Notre-Dame mugissait comme un taureau. Toutes les maisons s'éclairaient, tout le monde se mettait aux croisées. Enfin les fédérés partirent tambour en tête et se dirigèrent vers la caserne du Prince-Eugène.

Ce fut une triste nuit, je vous assure. Bien peu de gens dormirent.

Pour moi, dès que le jour fut venu, je descendis dans la rue et je demandai des renseignements à tous ceux que je rencontrai.

La chose était sûre, l'armée était dans Paris ; elle avançait toujours.

Ah ! c'est alors qu'on pouvait voir jusqu'à quel point la peur peut faire tomber les hommes. Des gens du quartier, que j'avais remarqués souvent parce qu'ils criaient bien fort : Vive la Commune ! se débarrassaient bien vite de leur uniforme et disaient qu'ils n'avaient jamais marché que par force. Ils ne demandaient plus qu'à crier : Vive l'Assemblée nationale !

C'est tout de même une triste chose que l'homme.

En revenant chez M. Moreau, je vis une grande foule devant la porte. C'étaient des hommes, des femmes et des enfants qui faisaient une barricade.

Les hommes n'avaient pas trop de cœur à l'ouvrage, mais les femmes, qui me faisaient l'effet d'être ivres, les appelaient lâches, et ils travaillaient. Les enfants juraient contre les *Versailleux* et se distribuaient des cartouches.

Quand je voulus passer, une femme qui avait les mains pleines de terre et les cheveux dans la figure, me cria de porter ma pierre à la barricade. Je secouai la tête sans lui répondre.

— Veux-tu porter ta pierre ? me cria-t-elle en armant un fusil qu'elle avait en bandoulière. Si tu ne la portes pas tout de suite, je te brûle la gueule.

— Eh ! tu vois bien, dit une autre femme encore

plus dégoûtante que celle-là, qu'il ne peut pas la porter puisqu'il est manchot.

— Alors, qu'est-ce qu'il vient faire ici? Qu'il file, et vite.

Toute la journée ce furent des cris ou plutôt des hurlements sous nos fenêtres; Mme Moreau et sa fille ne faisaient que pleurer, et le capitaine Charles, qui ne pouvait pas se lever, faisait tout ce qu'il pouvait pour leur rendre un peu de courage.

La nuit, ce fut encore plus dégoûtant. Les femmes avaient fait apporter des matelas derrière la barricade; elles firent la cuisine dans la rue, burent jusqu'à ce qu'elles fussent tout à fait ivres, et se couchèrent pêle-mêle avec les hommes. C'était la plus sale orgie qu'on pût voir.

Mais ce qu'il y avait de plus révoltant, c'était ce que toutes ces horribles femmes disaient.

Elles racontaient tout haut qu'on avait empoisonné le vin qui allait servir aux *Versailleux*, que tous ceux qu'on prendrait seraient brûlés vifs, que c'était l'ordre de la Commune et qu'elles se chargeraient de l'exécuter. On se serait cru au milieu des sauvages, et encore je ne crois pas qu'ils soient aussi cruels que ça.

Et les hommes de la Commune! Croyez-vous

qu'après tous leurs crimes, ils avaient un moment de repentir ?

Ils faisaient le même jour deux proclamations, l'une à l'armée, l'autre au peuple de Paris. Dans la première, ils disaient aux soldats : « Vous êtes nos frères, levez la crosse en l'air ; venez chez nous, vous y serez bien reçus. »

Dans l'autre ils disaient aux fédérés : « Pas de pitié pour ces brigands de Versaillais ; qu'on les mitraille, qu'on les écrase du haut des maisons avec des pavés, qu'on anéantisse cette race immonde. »

Oh ! les misérables ! Comme les soldats, qui quelquefois hésitent à faire leur devoir quand les insurgés leur crient : « Nous sommes vos frères, ne tirez pas sur nous », devraient pour toujours fermer leurs oreilles à ces mensonges infâmes. Ces prétendus frères, qui trouvent que ce serait un crime de tirer sur eux, empoisonnent vos vivres, vous écrasent à coups de pavés, et, si vous tombez vivant entre leur mains, vous brûlent à petit feu.

Mais déjà les scélérats qui prétendaient se battre au nom de la liberté et de la civilisation accomplissaient les crimes dont on ne les avait jamais cru capables : ils détruisaient Paris.

Une fumée noire couvrait le ciel comme un nuage immense, qui la nuit se colorait en rouge.

Les Tuileries, l'Hôtel-de-Ville, le grenier d'abondance... nos plus beaux et nos plus riches monuments brûlaient incendiés par les apôtres de la liberté. Ils allaient, comme la colonne Vendôme, s'écrouler pour toujours et consommer la ruine et la honte de la France.

Enfin l'armée approchait. On la disait maîtresse des buttes Montmartre et des principaux quartiers de Paris. Une batterie de fédérés qui s'était installée près de nous, dans le cimetière du Père Lachaise, lançait dans tout Paris des obus à pétrole qui allumaient de nouveaux feux.

Un matin, j'étais caché derrière les vitres de ma croisée, car on nous défendait de les ouvrir sous peine de nous fusiller, et je regardais les misérables qui étaient derrière la barricade, lorsque la vieille servante vint en tremblant me dire qu'un officier des insurgés demandait à me parler.

J'allai le trouver dans l'escalier. C'était le citoyen Maurice Bornat.

Il était tout pâle et il n'osait pas lever les yeux pour me regarder.

— Qu'est-ce qu'il y a ? lui demandai-je.

— Un grand malheur, dit-il. J'étais à la barricade du Château-d'Eau, j'ai entendu dire qu'on allait brûler votre maison et je suis venu tout de suite pour tâcher de l'empêcher. Oh! les brigands que tous ces gens de la Commune ! Et dire que j'ai été assez misérable pour me battre avec eux!

J'étais aussi devenu tout pâle.

— Mais pourquoi veulent-ils brûler cette maison? lui demandai-je. Nous n'avons rien fait contre eux.

— Ah! ils se soucient bien de ça, les scélérats! répondit-il. Ils ont juré de tout détruire, et, si on leur en donne le temps, ils ne laisseront pas une pierre debout.

Il resta un moment sans rien dire; puis il me tendit la main.

— Je suis un misérable, dit-il. J'aurais dû faire comme vous, me sauver des clubs où on applaudissait les assassins. C'est là que je me suis perdu; et pourtant au fond je ne suis pas un malhonnête homme.

Il pleurait. Je lui tendis la main.

— Je le sais, lui dis-je, vous n'êtes qu'un fou...

— Un imbécile, cria-t-il, un idiot qui s'est laissé soûler par des phrases. Mais aujourd'hui je suis dégrisé, allez. Et, tonnerre de Dieu! celui qui voudra mettre le feu à votre maison aura affaire à moi.

Adieu, je descends pour veiller à tout.

Un moment après, j'étais retourné derrière ma fenêtre et je regardais le citoyen Bornat qui parlait avec d'autres fédérés, lorsque je vis deux charrettes, contenant chacune quatre tonneaux, qui arrivaient sur le boulevard. En tête était un chef de bataillon de la Commune, monté sur un cheval qu'il n'avait pas l'air de conduire bien facilement.

C'était un vilain homme que ce chef de bataillon. Il avait de grosses moustaches rousses, hérissées comme une broussaille, de petits yeux méchants, une pipe toute noire à la bouche et un grand sabre qui battait les jambes de son cheval.

Quand les charrettes furent arrivées près de la barricade, elles s'arrêtèrent et je vis le citoyen Bornat qui s'approchait du commandant.

J'entr'ouvris doucement la fenêtre pour écouter. Le bruit du canon avait cessé, les voix montaient facilement jusqu'à moi, de sorte que j'entendis tout.

— Déchargez le pétrole, cria le commandant aux gens de la barricade.

Les femmes poussèrent un cri de joie et coururent elles-mêmes aux charrettes.

— Qu'est-ce que vous voulez faire de ces tonneaux? demanda tout haut Bornat au commandant.

— C'est pour brûler les deux cambuses qui sont

de chaque côté de la barricade, dit le commandant en riant.

— Voyons, Cambusard, reprit doucement Bornat, j'ai des amis dans la maison à droite. Ça me crève le cœur de les voir ruiner sans raison. Faites-moi un plaisir ; emmenez votre pétrole ailleurs.

— Et qu'est-ce que ça me f... tes amis? cria Cambusard, il n'y a pas d'ami qui tienne. Ils grilleront comme les autres.

— Cambusard, je t'en supplie...

— Ah! tu m'embêtes... Eh! là bas, enfoncez les portes et roulez les tonneaux dans la boutique. Nom de D... quel feu d'artifice ça va faire ! nous allons rire.

— Ah! c'est comme ça, dit Maurice Bornat. Tu ne veux rien entendre. Eh bien, le premier qui approche de la boutique, je lui brûle la cervelle.

Et, tirant son revolver, il courut sur le trottoir.

— Qu'est-ce que c'est? crièrent les femmes ivres de rage, qu'est-ce que c'est que ce lâche qui veut empêcher de brûler Paris? C'est un traître, un espion, un Versailleux... A mort ! à mort !

Je ne voyais plus le pauvre Maurice Bornat, car il était sous le balcon ; mais je l'entendais crier :

— Le premier qui approche est mort.

Les femmes l'insultaient, lui jetaient des pierres. Cambusard criait :

— Roulez les tonneaux.

Mais personne n'avançait.

Enfin, une femme arma son fusil. Elle tira, et un hurlement de sauvage m'annonça que le pauvre Maurice Bornat venait de tomber.

Presque aussitôt la porte de la boutique vola en morceaux et les tonneaux de pétrole, poussés par les gens de la barricade, entrèrent dans la maison. Nous étions perdus. Je courus au lit du capitaine Charles ; je lui appris tout et j'appelai sa mère pour l'aider à s'habiller.

Tout à coup la porte s'ouvrit, et Cambusard, suivi d'une dizaine de femmes, entra en criant :

— Allons, qu'on file, et vite, si on ne veut pas rôtir ici. Dans cinq minutes la maison va flamber.

Mme Moreau et sa fille se jetèrent à ses genoux.

— Pitié ! pitié ! criait la mère, voyez, mon pauvre fils est malade : il a perdu une jambe en se battant contre les Prussiens. Où voulez-vous que je le mène si vous brûlez notre maison ?

— Eh, qu'est-ce que ça me f..., répondit Cambusard, s'il a perdu une jambe à la bataille ? fallait pas qu'il y aille.

— Oh ! je vous en supplie ! disait la pauvre mère en pleurant.

— Assez, ma mère, dit tout à coup le capitaine, qui venait de prendre ses béquilles. On ne gagne rien à supplier de pareils misérables. Partons.

M. Moreau prit le bras de sa fille et descendit, le capitaine suivait, je soutenais la pauvre mère qui pleurait.

Pendant ce temps, les femmes pillaient tout ce qui était dans la maison, elles jetaient le linge par les fenêtres et chantaient la *Marseillaise*.

En passant dans la rue, je heurtai le cadavre du pauvre Maurice Bornat qui nageait dans le sang.

Oh! quel triste spectacle que celui qu'on voyait! Tous les habitants des deux maisons dans lesquelles on avait porté du pétrole étaient descendus dans la rue; les femmes et les enfants pleuraient, les hommes marchaient devant, sans savoir où ils allaient, car toutes les portes étaient fermées. Enfin une bonne femme nous ouvrit la porte d'une allée, et tout le monde s'y réfugia.

Les femmes allèrent s'asseoir dans l'escalier, les hommes restèrent dans le corridor.

Je me plaçai près de la porte pour voir ce qui se passait dans la rue. Le capitaine Charles, à qui on avait donné une chaise, était à quelques pas derrière moi.

Nous n'étions pas à plus de cent pas de la barricade. Cambusard, qui venait de remonter à cheval, criait de toutes ses forces :

— Allons, au feu ! au feu ! qu'on ne perde pas de temps.

Le canon du côté du Château-d'Eau venait de cesser.

Déjà, une fumée épaisse sortait par les fenêtres de la maison que nous venions de quitter, les femmes dansaient et hurlaient, lorsque le son du clairon résonna de l'autre côté de la barricade.

— Les Versaillais ! les Versaillais ! cria un homme qui était en sentinelle. Sauve qui peut !

Et, jetant son fusil, il se mit à courir du côté où nous nous trouvions. Ce fut alors une cohue épouvantable. Les hommes, les femmes, les enfants, tout le monde se sauvait en courant, en se bousculant, en criant :

— Nous sommes trahis. Les Versaillais ! les Versaillais !

Cambusard, qui était resté à cheval, paraissait fou de peur. Il enfonçait ses éperons, il tirait sur la bride, il criait aussi : *Sauve qui peut !* mais le cheval n'avançait pas. Il ne faisait que se cabrer.

Toute la bande des incendiaires nous avait déjà dépassés et avait enfilé une rue voisine. Cambusard était toujours là.

Enfin une explosion eut lieu dans la boutique de la maison qui brûlait; les dernières vitres éclatèrent, une colonne de flammes et de fumée sortit par les fenêtres du premier étage, et le cheval, effrayé, s'enfuit, après avoir jeté Cambusard par terre.

Le commandant des fédérés se releva presque aussitôt et prit sa course; mais tout à coup il s'arrêta. On voyait des soldats de la ligne qui arrivaient devant lui. Pâle, épouvanté, il se retourna du côté de la barricade : un soldat venait d'abattre le drapeau rouge et de planter le drapeau de la France. Alors il aperçut la porte de la maison où nous nous trouvions et il s'y précipita tête baissée.

— Halte! cria une voix au moment où il entrait. Un pas de plus et tu es mort.

C'était le capitaine Charles qui, appuyé sur une béquille, visait Cambusard avec un revolver.

— Laissez-moi passer, cria Cambusard, ils sont là, ils arrivent, ils me tueront. Cachez-moi.

— Non, dit le capitaine d'une voix terrible.

— Mais je vous dis qu'ils approchent. Grâce, grâce!

Et le misérable tomba à genoux.

— Non.

— Par pitié! J'ai une femme, des enfants. Laissez-moi vivre.

— Non.

— Oh ! vous n'avez donc pas de cœur ! Mais je vous en supplie. Tenez, je suis à genoux, je vous demande pardon, je pleure.

— Non.

On entendait le pas des soldats qui marchaient sur le trottoir. Cambusard était hideux : il s'arrachait les cheveux, il se traînait à genoux, il voulait embrasser la jambe du capitaine.

Tout à coup un officier de l'armée entra avec plusieurs hommes dans le corridor.

— Ah ! ah ! dit-il en le saisissant au collet. Je le tiens enfin, ce commandant de la Commune. Allons, debout, misérable !

— Je suis innocent, criait Cambusard. Écoutez-moi, vous vous trompez.

En ce moment l'officier, qui regardait le capitaine Charles, lui sauta au cou. C'était un de ses amis intimes.

— Tu connais cet homme ? lui demanda-t-il au bout d'un moment en lui montrant Cambusard qui hurlait entre les mains des soldats.

— C'est lui qui vient de mettre le feu à ma maison, répondit le capitaine.

— Bien, dit l'officier. Oh ! les scélérats ! ils ont fusillé l'archevêque de Paris et mis en liberté tous les voleurs de La Roquette. Allons, qu'on pousse cet homme dans la rue.

On entraîna Cambusard.

— A genoux! lui cria l'officier quand il fut dehors.

— Grâce! grâce! hurla le misérable. J'étais pour le gouvernement! C'était pour pouvoir faire du bien que j'avais accepté un grade dans la Commune. J'ai toujours crié : Vive l'armée!

— Le lâche! dit l'officier. Ils sont tous comme cela... A genoux, tu vas mourir.

— Pitié! pitié!... encore un moment. Cinq minutes, rien que cinq minutes.

— Feu! cria l'officier.

Cambusard étendit les bras, tourna sur lui-même et roula dans le ruisseau.

XVIII

RETOUR AU PAYS.

Quelques jours après, j'avais obtenu un congé et je partais de Paris.

Toute la famille Moreau, qui avait été se réfugier chez des parents, vint m'accompagner à la gare. Nous traversâmes la ville, qui fumait encore ; nous vîmes les maisons que la rage des insurgés n'avait pu brûler, éventrées ou déchirées par les obus. L'armée campait sur les places ou dans les rues. A chaque pas, on rencontrait des bandes de misérables qui s'étaient cachés et qu'on conduisait en prison. Les lâches disaient tous qu'ils étaient innocents.

Ils avaient eu entre les mains Paris, ses forts, 1,200 pièces de canon, plus de 300,000 fusils, et ils n'avaient pu défendre sérieusement une barricade. Ils n'avaient eu du courage que pour brûler.

Voilà cependant ce que c'est que les gens qui font la loi à Paris et à la France. Ils ne sont forts que parce qu'on les laisse faire. Si les hommes honnêtes les regardaient en face, ils se cacheraient jusque dans les égouts.

J'étais bien ému quand j'embrassai Mme Moreau.

Je serrai toutes les mains qui se tendaient vers la mienne et je me sauvai pour ne pas pleurer.

A la première station après Paris, je mis la tête à la porte du wagon. Un poste prussien avait formé ses faisceaux dans la gare; le factionnaire passait et repassait sur le trottoir; mon cœur se serra, je fermai les yeux.

Enfin le lendemain, après avoir pris la voiture à Angoulême, j'arrivai aux Aulnais et je me jetai, sans pouvoir dire une parole, dans les bras de ma sœur Madeleine. Petite Rose m'avait pris la main et la couvrait de larmes.

Au bout d'un moment je regardai autour de moi.

— Et... Catherine... demandai-je... lui aviez-vous dit que j'arrivais aujourd'hui?

— Oui, dit Madeleine... Petite Rose a été la prévenir hier soir.

— Sait-elle le malheur qui m'est arrivé?

— Oui, pauvre frère. Elle a bien pleuré, va.

— Et le capitaine Martin?

— Il t'attend. Il ne peut plus bouger de son fauteuil. Viens vite, il sera si heureux de te voir!

Nous entrâmes dans la maison.

En face de la porte, étendu sur son fauteuil, les yeux humides, les lèvres tremblantes, le capitaine m'ouvrait ses bras.

Je restai longtemps la tête appuyée sur sa poitrine. Nous ne parlions pas, notre émotion était trop grande. Enfin le capitaine s'adressa à Madeleine.

— Ma fille, dit-il, dis à la vieille Marianne de rouler mon fauteuil dans la salle à manger. André vient de faire un long voyage. Il faut qu'il prenne quelque chose.

La table était mise comme pour une fête. Nous nous assîmes, le capitaine Martin à ma gauche, Rose et Madeleine en face de moi. Mais je remarquai qu'il y avait un cinquième couvert à ma droite.

Marianne apporta la soupe, Madeleine servit, cependant je n'osais commencer, je croyais qu'il y avait un autre invité.

Le capitaine vit mon hésitation.

— André, dit-il, ce couvert qui est là est à la place qu'aurait occupée ton pauvre père. Il manque pour fêter ton retour ; mais il nous voit ; il bénit son fils pour avoir servi glorieusement sa patrie, il sourit à son ami, qui est fier de le remplacer près de ses enfants. Je bois à Michel Artaud qui fut un honnête homme, et qui est mort pour son pays.

Mes larmes coulèrent jusque dans mon verre.

. . . .

Le lendemain matin, un rayon de soleil qui dansait joyeusement sur mon oreiller m'éveilla.

Je me levai bien vite, et, marchant sur la pointe du pied pour n'éveiller personne, j'allai dans la cuisine où je décrochai la clef de notre vieille maison que j'avais reconnue la veille. Je descendis le petit escalier qui donnait sur le derrière, et, prenant un sentier qui traverse les prairies, je me dirigeai vers le pont.

Ah! que la campagne était belle! Les arbres étaient déjà couverts de feuilles, l'herbe verte des prés ruisselait de rosée, un léger brouillard se fondait sous les rayons du soleil. Les oiseaux chantaient, les abeilles bourdonnaient en volant de fleur en fleur. Le joli pont en fil de fer se dessinait gracieusement sur le ciel. La Charente gazouillait en roulant sous les saules et les peupliers.

Mon cœur battait si fort que je fus plusieurs fois obligé de m'arrêter. Enfin, je passai le pont et j'aperçus le toit de notre vieille maison.

Je courus, je tournai la clef dans la serrure et j'entrai.

Toutes les choses étaient à la même place où je les avais vues dans mon enfance. Le vieux bahut en noyer avec sa vaisselle de faïence à grandes fleurs rouges et bleues, la grande table carrée, le fusil accroché au-dessus de la cheminée, la chaise à bras dans laquelle mon père avait coutume de s'asseoir our nous faire la lecture. Son livre même, l'Hisoire de France, était ouvert sur la table, comme s'il enait seulement de sortir.

Je me mis à genoux et je pleurai longtemps. Un ruit de clochettes me réveilla. Je m'avançai sur la orte en essuyant mes yeux, et je me trouvai en face e Catherine qui revenait chez elle avec ses grandes aches noires.

Quand elle me vit, elle poussa un cri et devint âle comme une morte, puis elle se mit à pleurer.

Le cœur me sautait dans la poitrine. Jamais, non jamais je ne l'avais vue aussi jolie.

Je m'avançai tout tremblant; je lui pris la main, j'attendais une de ces bonnes paroles comme elle savait m'en dire autrefois. Elle pleurait toujours sans rien dire.

A la fin, une pensée affreuse me traversa la tête. Je lâchai sa main et je lui dis :

— Catherine, tu ne me regardes pas, tu trembles, tu n'oses me parler. Ma blessure te fait peur ; tu ne m'aimes plus.

Elle murmura :

— Si, si...

Mais elle avait toujours les yeux baissés. Je voyais bien qu'elle ne parlait ainsi que pour ne pas me faire de la peine.

Les forces allaient me manquer. Je lui dis adieu, je rentrai dans la maison de mon père, et, après avoir fermé la porte, j'éclatai en sanglots.

Que vous dirai-je de plus? Deux mois après mon retour au pays, Catherine épousait le fils du vieux Mathieu, qui, au moment de la guerre, s'était mis ordonnance d'un capitaine-major de la garde mobile, afin de ne pas aller à l'ennemi.

Je vis passer, habillée en fiancée, la seule femme que j'aie jamais aimée. Les invités chantaient, on tirait des fusées et des pétards; personne ne songeait plus au pauvre soldat qui avait fait ce qu'il avait pu pour sauver son pays.

Je suis toujours aux Aulnais avec le capitaine Martin et mes deux sœurs. Madeleine est un ange qui me soigne comme son enfant et qui ne veut pas se marier pour rester avec moi. Petite Rose est déjà une jolie fille. Elle a bon cœur; elle aime bien son grand frère. J'ai des projets sur elle.

M. Donier, le bon Belge qui m'a trouvé dans le bois après la bataille de Sedan, m'écrit souvent. Il m'a promis de m'envoyer l'année prochaine le petit Jacques, qui restera quelque temps avec nous. Quand cet enfant sera un homme, je veux lui faire épouser Rose. Il aura une bonne et honnête femme, il restera avec moi, et je serai son ami.

Le bon capitaine Martin souffre plus que jamais de sa paralysie ; mais sa tête et son cœur sont restés les mêmes. Nous parlons toujours de mon père, de la France, d'un avenir de gloire qui effacera tous nos malheurs et nous rendra les provinces qu'on nous a arrachées.

Dieu veuille que cet avenir soit proche, et que mon second père puisse le saluer avant de s'éteindre

CONCLUSION

Et maintenant que j'ai fini de vous raconter les choses que j'ai vues, le capitaine Martin, qui vient de lire ce que j'ai écrit, veut ajouter quelque chose.

C'est lui qui dicte :

« La France est abattue. Nos ennemis se réjouissent; ils la croient morte. Cependant elle peut encore sortir de ses ruines, mais à une condition indispensable : c'est qu'elle aura un gouvernement fort, issu du suffrage universel, et bien décidé à écraser sans pitié tous les émeutiers, qu'ils viennent du palais ou du ruisseau.

« Que ce gouvernement s'appelle république, empire, royauté, cela ne signifie rien. Il n'y a que les ambitieux sans scrupules qui cherchent à bouleverser les nations pour des mots.

« Il faut que le gouvernement de la France soit bien convaincu de cette vérité : que la révolte contre la volonté du pays est le plus grand crime dont un homme puisse se rendre coupable.

« Il faut enfin qu'il fasse pénétrer dans toutes les

classes de la société ces grands principes, à l'oubli desquels nous sommes redevables de tous nos malheurs :

« Amour de Dieu et de la patrie, respect absolu du suffrage universel. »

FIN

TABLE

		Pages.
I.	Mon village	1
II.	Le capitaine Martin	17
III.	Wissembourg	35
IV.	Frœschwiller	54
V.	La retraite	71
VI.	L'armée du camp de Châlons	90
VII.	Sedan	107
VIII.	Les bons Belges	123
IX.	Paris	142
X.	Le club	161
XI.	La famille Moreau	179
XII.	Le 31 octobre	197
XIII.	Champigny	216
XIV.	Montretout	234
XV.	Un Français	252
XVI.	La Commune	269
XVII.	La mort de Cambusard	286
XVIII.	Retour au pays	311
	Conclusion	319

FIN.

CLICHY. — Impr. PAUL DUPONT et Cie, rue du Bac-d'Asnières, 12.

www.ingramcontent.com/pod-product-compliance
Lightning Source LLC
Chambersburg PA
CBHW060502170426
43199CB00011B/1295